Die Nachttisch-lampe

Herausgegeben von
Andrea Schnizer

Die Nachttisch-lampe

Weisheitsgeschichten für stille Stunden

Herausgegeben von
Andrea Schnizer

4. Auflage 2025

© 2012 Verlag Friedrich Bischoff GmbH, Neu-Isenburg
Alle Rechte vorbehalten

Lektorat: Wolfgang Schuster
Umschlaggestaltung: Atelier Lehmacher, Friedberg (Bay.)
Umschlagbild: Georg Lehmacher
Ranken: © PantherMedia
Innengestaltung: Atelier Lehmacher, Friedberg (Bay.)
Gesamtherstellung: Rautenberg Media & Print Verlag KG,
53840 Troisdorf

Best.-Nr.: 310 002
ISBN 978-3-943980-05-9

www.bischoff-verlag.de

$\mathcal{I}$nhalt

Vorwort

Sie steht immer in Reichweite. Wer im Bett liegt, greift hin und knipst sie an. Ihr Licht begleitet uns auf den Wegen zwischen Traum und Realität. Mit Troddeln, geblümt oder sachlich-schlicht – sie leuchtet uns in den unterschiedlichsten Varianten: die Nachttischlampe. In ihrem Schein wirkt die Wirklichkeit anders als am hellen Tag.

Wie eine Nachttischlampe können auch Geschichten ihre Schlaglichter werfen, den Leser erhellen und eine neue Sicht auf Bekanntes eröffnen. Sie können nachdenklich machen und einen Anstoß zum Weiterdenken geben. Solche Geschichten erschienen mehr als zwanzig Jahre lang auf der Rückseite der Zeitschrift *spirit*. Das vorliegende Buch bietet eine Auswahl aus der Kolumne *Nachttischlampe* – ergänzt um viele gleichartige Erzählungen.

Kommen Sie mit den Geschichten gut durch die Nacht wünscht

Ihre Andrea Schnizer

Was die Menschen brauchen

Ein König hatte zwei Söhne. Als er alt wurde, wollte er einen der beiden zu seinem Nachfolger bestellen. Er versammelte die Weisen seines Landes und rief seine Söhne herbei. Er gab jedem der beiden fünf Silberstücke: „Füllt für dieses Geld die Halle in unserem Schloss. Womit, das ist eure Sache."

Der Älteste ging davon. Er kam an einem Feld vorbei. Dort waren die Arbeiter dabei, das Zuckerrohr zu ernten und in einer Mühle auszupressen. Das ausgepresste Zuckerrohr lag nutzlos umher. „Das ist eine günstige Gelegenheit, die Halle zu füllen." Bis zum Nachmittag war es geschafft. Der älteste Sohn ging zu seinem Vater: „Ich habe die Aufgabe erfüllt. Auf meinen Bruder brauchst du nicht warten. Mach mich zu deinem Nachfolger."

„Es ist noch nicht Abend. Ich werde warten."

Bald darauf kam auch der jüngere Sohn. Er bat darum, das Zuckerrohr zu entfernen. Nachdem das geschehen war, stellte er mitten in die Halle eine Kerze und zündete sie an. Ihr Schein füllte die Halle bis in die letzte Ecke.

„Du sollst mein Nachfolger sein. Du hast nicht einmal ein Silberstück benötigt und sie mit Licht gefüllt. Das ist es, was wir Menschen brauchen."

PHILIPPINISCHE GESCHICHTE

11

Worte, nur Worte?

Aufgeregt kam jemand zu Sokrates gelaufen. „Höre, Sokrates, das muss ich dir erzählen, wie ein Freund …"

„Halt ein!", unterbrach ihn der Weise, „hast du das, was du mir sagen willst, durch die drei Siebe geschüttet?"

„Drei Siebe?", fragte der andere voll Verwunderung. „Ja, mein Freund, drei Siebe! Lass uns sehen, ob das, was du mir erzählen willst, durch die drei Siebe hindurchgeht.

Das erste Sieb ist die Wahrheit. Hast du alles, was du mir erzählen willst, geprüft, ob es wahr ist?" „Nein, ich hörte es erzählen und …"

„So, so. Aber sicher hast du es mit dem zweiten Sieb geprüft, es ist das Sieb der Güte. Ist das, was du mir erzählen willst, wenn schon nicht als wahr erwiesen, wenigstens gut?" Zögernd sagte der andere: „Nein, das nicht, im Gegenteil …"

„Dann", unterbrach ihn der Weise, „lass uns auch das dritte Sieb noch anwenden und lass uns fragen, ob es notwendig ist, mir das zu erzählen, was dich so erregt." „Notwendig nun gerade nicht …"

„Also", lächelte Sokrates, „wenn das, was du mir erzählen willst, weder wahr noch gut noch notwendig ist, so lass es begraben sein und belaste dich und mich nicht damit!"

GESCHICHTE ÜBER SOKRATES

Das Gleiche tun –
und doch nicht dasselbe

Drei Bauarbeiter waren dabei, Steine zu behauen, als ein Fremder zu ihnen trat und den ersten Arbeiter fragte:

„Was tun Sie da?"

„Sehen Sie das denn nicht?", meinte der und sah nicht einmal auf. „Ich behaue Steine."

„Und was tun Sie da?", fragte der Fremde den zweiten.

Seufzend antwortete der: „Ich muss Geld verdienen, um für meine Familie Brot zu beschaffen. Meine Familie ist groß."

Der Fremde fragte auch einen dritten: „Was tun Sie da?"

Dieser blickte hinauf in die Höhe und antwortete leise und stolz:

„Ich baue an einem Dom!"

UNBEKANNTER VERFASSER

Ameisendank

Eine Ameise, vom Durst geplagt, krabbelte an seinem Rand in einen Brunnen hinab, aber als sie trinken wollte, stürzte sie in das Wasser.

Nun stand da über dem Brunnen ein hoher Baum, auf dem eine Taube hockte. Als sie die Ameise auf dem Wasser liegen sah, brach sie mit ihrem Schnabel ein Zweiglein von dem Baum und warf es in den Brunnen hinab und die Ameise kletterte hinauf und brachte sich in Sicherheit.

Über dem war ein Vogelsteller des Weges gekommen, und weil er die Taube fangen wollte, steckte er seine Kleberuten an eine lange Stange. Als die Ameise das bemerkte, biss sie den Vogelfänger in seinen Fuß. Davon zuckte er zusammen und die Stange fiel ihm aus den Händen. Von dem Lärm aber erschrak die Taube und schwang sich sogleich von dem Baum in die Lüfte, und da war sie nun auch vom Tode errettet, und was sie an der Ameise getan, das ward ihr mit Gleichem vergolten.

Wenn die unvernünftigen Tiere sich für empfangene Wohltat dankbar erweisen, wie viel mehr sollten es die vernünftigen Menschen sein und das Gute mit Gutem vergelten lernen.

HEINRICH STEINHÖWEL

Der kluge Richter

Dass nicht alles so uneben sei, was im Morgenlande geschieht, das haben wir schon einmal gehört. Auch folgende Begebenheit soll sich daselbst zugetragen haben.

Ein reicher Mann hatte eine beträchtliche Geldsumme, welche in ein Tuch eingenäht war, aus Unvorsichtigkeit verloren. Er machte daher seinen Verlust bekannt und bot, wie man zu tun pflegt, dem ehrlichen Finder eine Belohnung, und zwar von 100 Talern, an. Da kam bald ein guter und ehrlicher Mann dahergegangen. „Dein Geld habe ich gefunden. Dies wird's wohl sein! So nimm dein Eigentum zurück!"

So sprach er mit dem heiteren Blick eines ehrlichen Mannes und eines guten Gewissens, und das war schön. Der andere machte auch ein fröhliches Gesicht, aber nur, weil er sein verloren geschätztes Geld wiederhatte. Denn wie es um seine Ehrlichkeit aussah, das wird sich bald zeigen. Er zählte das Geld und dachte unterdessen geschwind nach, wie er den treuen Finder um seine versprochene Belohnung bringen könnte. „Guter Freund", sprach er hierauf, „es waren eigentlich 800 Taler in dem Tuch eingenäht. Ich finde aber nur noch 700 Taler. Ihr werdet also wohl eine Naht aufgetrennt und Eure 100 Taler Belohnung schon herausgenommen haben. Da habt Ihr wohl daran getan. Ich danke Euch."

Das war nicht schön. Aber wir sind auch noch nicht am Ende. Ehrlich währt am längsten und Undank schlägt seinen eigenen Herrn. Der ehrliche Finder, dem es weniger um die 100 Taler als um seine unbescholtene

Rechtschaffenheit zu tun war, versicherte, dass er das Päcklein so gefunden habe, wie er es bringe, und es so bringe, wie er's gefunden habe.

Am Ende kamen sie vor den Richter. Beide bestanden auch hier noch auf ihren Behauptungen, der eine, dass 800 Taler eingenäht gewesen seien, der andere, dass er von dem Gefundenen nichts genommen und das Päcklein nicht versehrt habe. Da war guter Rat teuer. Aber der kluge Richter, der die Ehrlichkeit des einen und die schlechte Gesinnung des andern zum Voraus zu kennen schien, griff die Sache so an:

Er ließ sich von beiden über das, was sie aussagten, eine feste und feierliche Versicherung geben und tat hierauf folgenden Ausspruch: „Demnach, und wenn der eine von euch 800 Taler verloren, der andere aber nur ein Päcklein mit 700 Talern gefunden hat, so kann auch das Geld des Letzteren nicht das nämliche sein, auf welches der Erstere ein Recht hat. Du, ehrlicher Freund, nimmst also das Geld, welches du gefunden hast, wieder zurück und behältst es in guter Verwahrung, bis der kommt, welcher nur 700 Taler verloren hat. Und dir da weiß ich keinen andern Rat als du geduldest dich, bis derjenige sich meldet, der deine 800 Taler findet." So sprach der Richter, und dabei blieb es.

JOHANN PETER HEBEL

16

$\mathcal{K}$atze bleibt Katze

Dschi-Yen hatte eine prachtvoll schöne Katze zum Geschenk bekommen und wollte dem Tier einen ganz besonderen Namen geben.

„Ich möchte sie ‚Tiger' nennen", sagte er zu einem Freunde. „Ein Tiger", meinte dieser, „ist zwar ein mächtiges Tier, aber doch nicht so gewaltig wie ein Drache. Nennen wir sie ‚Drache'!"

„Gewiss, der Drache ist mächtiger als der Tiger", sagte ein anderer, „doch ein Drache kann nicht bestehen ohne Wolken. Du musst das Tier ‚Wolke' nennen!"

„Die Wolken können den Himmel bedecken", erklärte ein dritter, „bedenke aber, ein plötzlich anbrechender Sturm vermag sie wieder zu verteilen. Nenne sie ‚Sturm'!"

„Eine Mauer", fiel ihm ein vierter ins Wort, „ist stark genug, um auch dem ärgsten Sturm zu trotzen. Nenne sie doch ‚Mauer'!"

„Hört!", rief ein anderer. „Zugegeben, eine Mauer ist stark! Ihr habt aber die Mäuse vergessen, die sie unterhöhlen und sie zusammenstürzen machen! Nein Freund, du musst die Katze ‚Maus' nennen!"

Da begann der Hausherr herzlich zu lachen. „Die Maus", rief er aus, „wird doch von der Katze gefressen! Da kann ich ihr ja gleich den Namen ‚Katze' lassen.

ALTCHINESISCHE GESCHICHTE

Was trägt uns?

Die Fische eines Flusses sprachen zueinander: „Man behauptet, dass unser Leben vom Wasser abhängt. Aber wir haben noch niemals Wasser gesehen. Wir wissen nicht, was Wasser ist."

Da sagten einige, die klüger waren: „Wir haben gehört, dass im Meer ein gelehrter Fisch lebt, der alle Dinge kennt. Wir wollen zu ihm gehen und ihn bitten, uns das Wasser zu zeigen."

So machten sich einige auf und kamen auch endlich an das Meer und fragten den Fisch. Als er sie angehört hatte, sagte er: „O ihr dummen Fische! Im Wasser lebt ihr und bewegt ihr euch. Aus dem Wasser seid ihr gekommen, zum Wasser kehrt ihr wieder zurück. Ihr lebt im Wasser, aber ihr wisst es nicht. Alles, was euch umgibt, ist Wasser."

AUSZUG AUS EINER KLOSTERSCHRIFT

Libellenlarve und Blutegel

Eine Geschichte erzählt von dem Gespräch zwischen einer Libellenlarve, die immer wieder den unwiderstehlichen Drang nach oben hat, um neue Luft zu schöpfen, und einem Blutegel, der sagt: „Hab ich vielleicht jemals das Bedürfnis nach dem, was du Himmelsluft nennst?"

„Ach", erwiderte die Libellenlarve, „ich hab nun einmal die Sehnsucht nach oben. Ich versuche auch schon einmal, an der Wasseroberfläche nach dem zu schauen, was darüber ist. Da sah ich einen hellen Schein, und merkwürdige Schattengestalten huschten über mich hinweg. Aber meine Augen müssen wohl nicht geeignet sein für das, was über dem Teich ist. Aber wissen möchte ich´s doch!"

Der Blutegel krümmte sich vor Lachen: „O du phantasievolle Seele, du meinst, über dem Tümpel gibt es noch was? Lass doch diese Illusionen. Glaub mir als einem erfahrenen Mann: Dieser Tümpel ist die Welt – und die Welt ist ein Tümpel. Und außerhalb dessen ist nichts!"

„Aber ich hab doch den Lichtschein gesehen und Schatten!?"

„Hirngespinste! Was ich fühlen und betasten kann, das ist das Wirkliche", erwiderte der Blutegel.

Aber es dauerte nicht lange, bis sich die Libellenlarve aus dem Wasser herausschob. Flügel wuchsen ihr, goldenes Sonnenlicht und blauer Himmelsschein umspülten sie und sie schwebte schimmernd über den niedrigen Tümpel davon.

UNBEKANNTER VERFASSER

Vom Mut,
eine Probe zu wagen

Ein König stellte für einen wichtigen Posten den Hofstaat auf die Probe. Kräftige und weise Männer umstanden ihn in großer Menge.

„Ihr weisen Männer", sprach der König, „ich habe ein Problem und ich möchte sehen, wer von euch in der Lage ist, dieses Problem zu lösen." Er führte die Anwesenden zu einem riesengroßen Türschloss, so groß, wie es keiner je gesehen hatte.

Der König erklärte: „Hier seht ihr das größte und schwerste Schloss, das es in meinem Reich je gab. Wer von euch ist in der Lage, das Schloss zu öffnen?"

Ein Teil der Höflinge schüttelte nur verneinend den Kopf. Einige, die zu den Weisen zählten, schauten sich das Schloss näher an, gaben aber zu, sie könnten es nicht schaffen. Als die Weisen dies gesagt hatten, war sich auch der Rest des Hofstaates einig, dieses Problem sei zu schwer, als dass sie es lösen könnten.

Nur ein Weiser ging an das Schloss heran. Er untersuchte es mit Blicken und Fingern, versuchte, es auf die verschiedensten Arten zu bewegen, und zog schließlich mit einem Ruck daran. Und siehe, das Schloss öffnete sich. Das Schloss war nur angelehnt gewesen, nicht ganz zugeschnappt, und es bedurfte nichts Weiteres als des Mutes und der Bereitschaft, beherzt zu handeln.

Der König sprach: „Du wirst die Stelle am Hof erhalten, denn du verlässt dich nicht nur auf das, was du siehst oder was du hörst, sondern setzt selber deine eigenen Kräfte ein und wagst eine Probe."

NOSSRAT PESESCHKIAN

Neidlose Freundschaft

Eine gesellige Nachtigall fand unter den Sängern des Waldes Neider die Menge, aber keinen Freund. Vielleicht finde ich unter einer andern Gattung ihn, dachte sie und floh vertraulich zu dem Pfau herab.

„Schöner Pfau! Ich bewundere dich." – „Ich dich ebenso, liebliche Nachtigall!" – „So lass uns Freunde sein", sprach die Nachtigall weiter; „wir werden uns nicht beneiden dürfen; du bist dem Auge so angenehm als ich dem Ohre."

Nachtigall und Pfau wurden Freunde.

GOTTHOLD EPHRAIM LESSING

In der Schmiede des Weisen

Ein junger Student träumte davon, der größte Gelehrte aller Zeiten zu werden. Eines Tages hörte er von einem alten Weisen, der am Rande des Königreiches lebte. Er war, so hieß es, der Gelehrteste von allen. Und dabei übte er noch immer seinen Beruf als Schmied aus. Sogleich machte er sich auf den Weg. Er nahm einen Wanderstab und verließ Eltern und Freunde, um den Weisen aufzusuchen.

Seine Reise dauerte einige Monate und er lernte unterwegs mehr, als er je aus Büchern erfahren hatte. Endlich erreichte er die bescheidene Werkstatt des Meisters und warf sich dem alten Mann zu Füßen.

„Was möchtest du, mein Sohn?", fragte ihn der Schmied. „Ich möchte von dir die Weisheit lernen."

Als Antwort hielt ihm der Schmied nur einen Strick hin, mit dem sich der Blasebalg für das Feuer der Schmiede betätigen ließ. Er sagte: „Zieh am Strick."

Und der junge Mann zog nun morgens bis abends am Strick. Auch an den folgenden Tagen zog er am Strick. So ging es wochenlang. Monatelang.

Nach einem Jahr wagte er zu bitten: „Meister, ich würde lieber etwas lernen." „Zieh am Strick", befahl der Schmied und setzte seine Arbeit fort. Weitere Monate vergingen. Der junge Mann traute sich nicht mehr zu fragen.

Nach fünf Jahren richtete der Meister erstmals das Wort an ihn: „Mein Sohn, du kannst nun zu deiner Familie zurückkehren."

„Aber Meister", erwiderte sein Schüler, „ich will lernen. Unterrichte mich!" „Dann zieh am Strick", antwortete der Schmied. Und er ging erneut an die Arbeit.

Fünf weitere Jahre vergingen, fünf Jahre des Schweigens und harter Arbeit.

Fast schien der Schüler den Grund seines Kommens vergessen zu haben. Da sprach ihn der Meister wieder an: „Mein Sohn, du kannst nun zu den Deinigen zurückkehren. Alle Weisheit der Welt ist in dir. Ich habe dich Geduld gelehrt." Und er machte sich wieder an seine Arbeit.

Der Student schnürte sein Bündel und machte sich freudig auf den Weg in sein Dorf.

GESCHICHTE AUS DEM MITTLEREN OSTEN

Das schielende Huhn

Ein schielendes Huhn sah die ganze Welt etwas schief und glaubte daher, sie sei tatsächlich schief. Auch seine Mithühner und den Hahn sah es schief. Es lief immer schräg und stieß oft gegen die Wände.

An einem windigen Tag ging es mit seinen Mithühnern am Turm von Pisa vorbei.

„Schaut euch das an", sagten die Hühner, „der Wind hat diesen Turm schief geblasen."

Auch das schielende Huhn betrachtete den Turm und fand ihn völlig gerade. Es sagte nichts, dachte aber bei sich, dass die anderen Hühner womöglich schielten.

LUIGI MALERBA

Die Löffel

Ein frommer Mensch kommt zu Gott und bittet: „Herr, ich möchte die Hölle sehen und den Himmel." „Nimm Elia als Führer", spricht Gott, „er wird dir beides zeigen."

Der Prophet führt den Frommen in einen großen Raum. Ringsum Menschen, die große Löffel mit langen Stielen in den Händen haben. In der Mitte, auf einem Feuer kochend, ein Topf mit einem köstlichen Gericht. Alle schöpfen mit ihren langen Löffeln aus dem Topf, aber sie sehen mager aus, blass, elend. Kein Wunder: Ihre Löffel sind zu lang. Sie können sie nicht zum Mund führen, das herrliche Essen nicht genießen.

„Welch seltsamer Raum war das?", fragt der Mensch beim Hinausgehen. „Die Hölle", antwortet der Prophet.

Sie betreten einen anderen Raum. Alles ist genauso wie im ersten. Ringsum Menschen mit langen Löffeln. In der Mitte, auf einem Feuer kochend, ein Topf mit einem köstlichen Gericht. Alle schöpfen mit ihren langen Löffeln aus dem Topf. Die Menschen sehen gesund aus, gut genährt und glücklich.

Der Besucher wundert sich und schaut genau hin. Da sieht er, wie die Menschen sich gegenseitig die Löffel in den Mund schieben. Sie geben einander zu essen, einer füttert den anderen. Und der Mensch weiß: Das ist der Himmel.

RUSSISCHE GESCHICHTE

Der gebrochene Marmor

Als die Menschen weither kamen, um die Schönheit eines gebrochenen Stückes Marmor zu sehen, sagte der Fels, von dem er gebrochen war, zu ihm: „Elendes Nichts, du lagst in meinem Bauche wie die Ameise in ihrem Haufen, was brüstest du dich?" – Der Marmor antwortete: „Ich brüstete mich auch nicht, solange ich darin lag; ich brüste mich nur, seitdem ich aus demselben heraus bin."

JOHANN HEINRICH PESTALOZZI

Spuren im Sand

Eines Nachts hatte ich einen Traum: Ich ging am Meer entlang mit meinem Herrn. Vor dem dunklen Nachthimmel erstrahlten, Streiflichtern gleich, Bilder aus meinem Leben.

Und jedes Mal sah ich zwei Fußspuren im Sand, meine eigenen und die meines Herrn.

Als das letzte Bild an meinen Augen vorübergezogen war, blickte ich zurück. Ich erschrak, als ich entdeckte, dass an vielen Stellen meines Lebensweges nur eine Spur zu sehen war. Und das waren gerade die schwersten Zeiten meines Lebens.

Besorgt fragte ich den Herrn: „Herr, als ich anfing, dir nachzufolgen, da hast du mir versprochen, auf allen Wegen bei mir zu sein. Aber jetzt entdecke ich, dass in den schwersten Zeiten meines Lebens nur eine Spur zu sehen ist. Warum hast du mich allein gelassen, als ich dich am meisten brauchte?"

Da antwortete er: „Mein liebes Kind, ich liebe dich und werde dich nie allein lassen, erst recht nicht in Nöten und Schwierigkeiten. Dort, wo du nur eine Spur gesehen hast, da habe ich dich getragen."

MARGARET FISHBACK POWERS

Das Rasiermesser

Als das Rasiermesser eines schönen Tages aus seinem Griff, der ihm zur Scheide diente, herauskam und sich ins Fenster legte, sah es die Sonne sich in seinem Leibe spiegeln. Da fühlte es in sich ungeheuren Glanz und in Gedanken an sein Handwerk sprach es zu sich selber: „Niemals wieder will ich in die Bude zurück, aus der ich kam! Mögen die Götter verhüten, dass meine glanzvolle Schönheit so erniedrigt werde! Welcher Wahnsinn, die eingeseiften Knasterbärte dummer Bauern zu rasieren, welche Hausknechtsarbeit! Ist dieser Leib dazu geschaffen? O, nein! Ich will mich an einem verborgenen Ort verstecken und dort in stiller Ruhe mein Leben verbringen."

Als das Messer nun einige Zeit in seinem Versteck zugebracht hatte, kehrte es eines Tages wieder an die Luft zurück; aber, o Schrecken, da merkte es, dass es aussah wie eine alte verrostete Säge, und die Sonne blitzte nicht mehr auf der stumpfen Fläche. Vergebens war jetzt die Reue und nutzlos die Klage. „O, wie viel besser hätte ich getan", sprach das Messer bei sich, „meine scharfe, ach nun verdorbene Schneide beim Barbier zu üben! Wo ist mein glänzender Leib! Weh mir, dieser abscheuliche Rost hat ihn tückisch zerfressen!"

LEONARDO DA VINCI

Der Vorwand

Ein Wolf kam an einen Bach, um dort zu trinken. Da gewahrte er ein Lamm, das ein Stück unterhalb von ihm seinen Durst löschte.

„Warum trübst du mir das Wasser, das ich trinken will?", wollte er wissen. „Wie kann ich das Wasser trüben, das von dir zu mir herabfließt?", antwortete das Lamm.

„Jedenfalls weiß ich", sagte der Wolf, „dass du vor fünf Monden übel von mir geredet hast."

„Wie sollte das möglich sein?", erwiderte das Lamm. „Damals war ich noch gar nicht geboren."

„Dann ist es dein Vater gewesen", schrie der Wolf und zerriss das Lamm, um es zu verschlingen.

Für seine Untaten ist dem Bösewicht jeder Vorwand recht.

AESOP

Das Hirtenbüblein

Es war einmal ein Hirtenbübchen, das war wegen seiner weisen Antworten weit und breit berühmt. Auch der König hörte davon und ließ das Bübchen kommen. Er sprach zu ihm: „Kannst du mir auf drei Fragen antworten, so will ich dich mein eigen Kind nennen und du sollst bei mir im Schloss wohnen."

Sprach das Büblein: „Wie lauten die drei Fragen?"

„Die erste lautet: Wie viel Tropfen Wasser sind im Meer?"

Das Hirtenbüblein antwortete: „Lasst alle Flüsse auf der Erde verstopfen, damit kein Tröpflein mehr daraus ins Meer läuft, das ich nicht gezählt habe, so will ich euch sagen, wie viele Tropfen im Meer sind."

„Die zweite lautet: Wie viel Sterne stehen am Himmel?"

Das Hirtenbüblein sagte: „Gebt mir ein großes Papier." Es machte so viele Punkte darauf, dass sie kaum zu sehen und nicht zu zählen waren. Dann sagte es: „Zählt die Punkte, denn so viele Sterne stehen am Himmel." Aber keiner konnte es.

„Die dritte Frage lautet: Wie viel Sekunden hat die Ewigkeit?"

Da sagte das Hirtenbüblein: „In Pommern liegt der Demantberg, der hat eine Stunde in die Höhe, eine Stunde in die Breite und eine Stunde in die Tiefe; dahin kommt alle hundert Jahre ein Vöglein und wetzt sein Schnäblein. Wenn der ganze Berg abgewetzt ist, dann ist die erste Sekunde der Ewigkeit vorbei."

Sprach der König: „Du hast alle Fragen gelöst. Du sollst mein eigen Kind sein und fortan im Schloss wohnen."

GEBRÜDER GRIMM

Die Wächter

Hundertmal schon war ein Bär bei einem Bienenstock vorbeigetrabt, als ihn endlich eine der wachhabenden Bienen erblickte und zu ihren Mitbürgern sagte:

„Meine Freunde! Es wird von dem Bären unserm Honig nachgestellt. Lasset uns auf der Hut sein!"

Da nun der Bär wieder vorüberkam, zog der ganze Schwarm heraus und umflog den Korb mit einem fürchterlichen Gesumse.

„Was gibt's hier Neues?", fragte der Bär.

„Ha!", versetzte eine der kühnsten, „wir wissen wohl, worauf du ausgehst. Du willst unsern gesammelten Honig stehlen. Aber wir sind nicht so dumm, uns überfallen zu lassen."

„So! Honig habt ihr", sagte der Bär, warf den Stock um und fraß den Honig.

JOHANN FRIEDRICH AUGUST KAZNER

Dreiundfünfzig Minuten

„Guten Tag", sagte der kleine Prinz. „Guten Tag", sagte der Händler.

Er handelte mit höchst wirksamen, durststillenden Pillen. Man schluckt jede Woche eine und spürt überhaupt kein Bedürfnis mehr zu trinken. „Warum verkaufst du das?", sagte der kleine Prinz.

„Das ist eine große Zeitersparnis", sagte der Händler. „Die Sachverständigen haben Berechnungen angestellt. Man erspart dreiundfünfzig Minuten in der Woche."

„Und was machst du mit diesen dreiundfünfzig Minuten?" „Man macht damit, was man will …"

„Wenn ich dreiundfünfzig Minuten übrig hätte", sagte der kleine Prinz, „würde ich ganz gemächlich zu einem Brunnen laufen …"

ANTOINE DE SAINT-EXUPÉRY

Der Philosoph

„Lehre meinem Kanarienvogel", sprach ein Tyrann zu einem Philosophen, „den Homer, dass er ihn auswendig hersagen kann, oder geh aus dem Lande; unternimmst du es und es gelingt nicht, so musst du sterben." – „Ich will es ihm lehren", sprach der Weise, „aber ich muss zehn Jahre Zeit haben." „Warum warst du so töricht", fragten ihn hernach seine Freunde, „und unternahmst etwas Unmögliches?" Lächelnd antwortete er: „In zehn Jahren bin ich oder der Tyrann oder der Vogel gestorben."

NOVALIS

*D*as Gänseblümchen

Das Gänseblümchen war so glücklich, als ob es ein großer Festtag wäre, und es war doch nur ein Montag. Alle Kinder waren in der Schule; während sie auf ihren Bänken saßen und lernten, saß es auf seinem kleinen, grünen Stiele und lernte auch von der warmen Sonne und allem ringsumher, wie gut Gott ist. Und es gefiel ihm recht, dass die kleine Lerche alles, was es in der Stille fühlte, so deutlich und schön sang.

HANS CHRISTIAN ANDERSEN

Dem Herzen schenken

Während eines Aufenthaltes in Paris kam Rainer Maria Rilke regelmäßig mit einer jungen Französin an einem Platz vorbei, an dem eine Bettlerin saß. Ohne je einen Geber anzusehen, saß sie da und streckte nur ihre Hand aus. Immer am gleichen Ort bettelte sie um Geld. Rilke gab nie etwas. Seine Begleiterin aber gab häufig ein Geldstück. Eines Tages fragte die Französin verwundert nach dem Grund, warum er nichts gäbe. Rilke gab zur Antwort: „Wir müssten ihrem Herzen schenken, nicht ihrer Hand." Wenige Tages später brachte Rilke eine eben aufgeblühte weiße Rose mit, legte sie in die offene, abgezehrte Hand der Bettlerin und wollte weitergehen. Da geschah etwas Unerwartetes: Die Bettlerin blickte auf, sah den Geber, erhob sich mühsam von der Erde, tastete nach der Hand des ihr fremden Mannes, küsste sie und ging mit der Rose davon.

Eine Woche lang war die Frau verschwunden. Ihr Platz blieb leer. Vergeblich suchte die Begleiterin Rilkes eine Antwort darauf, wer wohl jetzt der Alten ein Almosen gebe und wovon sie lebe.

Nach acht Tagen saß die Bettlerin plötzlich wieder wie früher am gewohnten Platz. Stumm wie damals. Durch die ausgestreckte Hand zeigt sie ihre Bedürftigkeit. Sonst nichts. „Aber wovon hat sie dann all die Tage, da sie nichts erhielt, nur gelebt?", fragte die Französin. Rilke antwortete: „Von der Rose."

UNBEKANNTER VERFASSER

$\mathcal{D}$as vergessene Gebet

Während das Bombardement den Schützengraben in Fossalta in Stücke fetzte, lag er sehr flach und schwitzte und betete: „Ach, lieber Herr Jesus, hilf mir hier raus. Lieber Herr Jesus, bitte hilf mir raus. Christus, bitte, bitte, bitte, Christus. Wenn du mich vorm Tod bewahrst, werde ich alles tun, was du verlangst. Ich glaube an dich und ich werde allen Leuten in der ganzen Welt sagen, dass du das Einzige bist, worauf es ankommt. Bitte, bitte, lieber Herr Jesus!" Das Granatfeuer zog weiter hinauf. Wir begannen, in unserem Graben zu arbeiten, und am Morgen ging die Sonne auf, und der Tag war heiß und schwül und erfreulich und ruhig. Am nächsten Abend, hinten in Mestre, erzählte er dem Mädchen, mit dem er in die Villa Rossa hinaufging, nichts von Jesus. Und erzählte überhaupt keinem davon.

ERNEST HEMINGWAY

Zwei Städte

Herr K. zog die Stadt B der Stadt A vor. „In der Stadt A", sagte er, „liebt man mich; aber in der Stadt B war man zu mir freundlich. In der Stadt A machte man sich mir nützlich; aber in der Stadt B brauchte man mich. In der Stadt A bat man mich an den Tisch, aber in der Stadt B bat man mich in die Küche."

BERTOLT BRECHT

Aus der Not eine Tugend machen

Eine schöne grüne Oase sah um sich und erblickte nichts als elende Wüste ringsumher. Vergebens suchte sie nach ihresgleichen. Da brach sie in heftiges Klagen aus: „Ich unglückliche, einsame Oase. Allein muss ich bleiben. Nirgends meinesgleichen. Nirgends auch nur ein Auge, das mich sähe und Freude hätte an meinen grünen Wiesen, rauschenden Quellen, fruchtbaren Palmbäumen und bunten Sträuchern. Nichts als traurige, sandige, felsige, leblose Wüste umgibt mich. Was helfen mir alle Vorzüge, Schönheiten und Reichtümer in dieser elenden Verlassenheit?"

Da sprach die alte graue Mutter Wüste: „Mein Kind, wenn das anders wäre, wenn ich nicht die traurige, dürre Wüste wäre, sondern blühend, grün und belebt, dann wärst du keine Oase, kein besonderer Fleck, von dem noch in der Ferne der Wanderer rühmend erzählt, sondern du wärst nur ein einziger Teil von mir und als solcher verschwindend und unbemerkt. Darum also ertrage in Geduld, was die Voraussetzung für deine Besonderheit und deinen Ruhm ist!"

ARTHUR SCHOPENHAUER

Wir haben alle gleich viel

An einem warmen Sommertag hatte die Eintagsfliege um die Krone eines alten Baumes getanzt, geschwebt und sich glücklich gefühlt. Als das kleine Geschöpf einen Augenblick in stiller Glückseligkeit auf den großen, frischen Blättern ausruhte, sagte der Baum: „Arme Kleine! Nur einen einzigen Tag währt dein ganzes Leben! Wie kurz das ist! Wie traurig!"

„Traurig?", erwiderte die Eintagsfliege. „Was meinst du damit? Alles ist so herrlich leicht, so warm und schön, und ich selbst bin so glücklich!"

„Aber nur einen Tag, und dann ist alles vorbei!"

„Vorbei!", sagte die Eintagsfliege, „Was ist vorbei? Bist du auch vorbei?"

„Nein, ich lebe Tausende von deinen Tagen, und meine Tage sind ganze Jahreszeiten! Das ist etwas so Langes, dass du es gar nicht ausrechnen kannst!"

„Nein, denn ich verstehe dich nicht! Du bist Tausende von meinen Tagen, aber ich habe Tausende von Augenblicken, in denen ich froh und glücklich sein kann! Hört denn alle Herrlichkeit dieser Welt auf, wenn du einmal stirbst?"

„Nein", sagte der Baum, „die währt gewiss viel länger, unendlich viel länger, als ich denken kann!"

„Aber dann haben wir ja gleich viel, nur dass wir verschieden rechnen."

HANS CHRISTIAN ANDERSEN

Die Geschichte
von zwei Freunden

Zwei Freunde wanderten durch die Wüste. Während der Wanderung kam es zu einem Streit und der eine schlug dem anderen im Affekt ins Gesicht.

Der Geschlagene war gekränkt. Ohne ein Wort zu sagen, kniete er nieder und schrieb folgende Worte in den Sand: „Heute hat mich mein bester Freund ins Gesicht geschlagen."

Sie setzten ihre Wanderung fort und kamen bald darauf zu einer Oase. Dort beschlossen sie beide, ein Bad zu nehmen.

Der Freund, der geschlagen worden war, blieb auf einmal im Schlamm stecken und drohte zu ertrinken. Aber sein Freund rettete ihn buchstäblich in letzter Minute.

Nachdem sich der Freund, der fast ertrunken war, wieder erholt hatte, nahm er einen Stein und ritzte folgende Worte hinein: „Heute hat mein bester Freund mir das Leben gerettet."

Der Freund, der den anderen geschlagen und auch gerettet hatte, fragte erstaunt: „Als ich dich gekränkt hatte, hast du deinen Satz nur in den Sand geschrieben, aber nun ritzt du die Worte in einen Stein. Warum?"

Der andere Freund antwortete: „Wenn uns jemand gekränkt oder beleidigt hat, sollten wir es in den Sand schreiben, damit der Wind des Verzeihens es wieder auslöschen kann. Aber wenn jemand etwas tut, was für uns gut ist, dann können wir das in einen Stein gravieren, damit kein Wind es jemals löschen kann."

UNBEKANNTER VERFASSER

$\mathscr{D}$as Schilfrohr und der Ölbaum

Über Stärke, Festigkeit und Ruhe stritten sich ein Schilfrohr und ein Ölbaum. Das Rohr, welches von dem Ölbaum darob getadelt ward, dass es aller Stärke entbehre und leicht von allen Winden hin und her bewegt werde, schwieg und sagte kein Wort.

Nach einer kleinen Weile erhob sich ein heftiger Sturm; das hin und her geschüttelte Rohr hatte den Windstößen nachgegeben und blieb unbeschädigt, der Ölbaum dagegen, welcher sich den Winden entgegengestemmt hatte, wurde durch deren Gewalt gebrochen.

AESOP

Taubenfang

Dschien hatte am Neujahrstage von Leuten aus Kan Tan wilde Tauben zum Geschenk erhalten. Er freute sich über diese Gabe sehr und erteilte den Auftrag, den Überbringern eine hohe Belohnung zu geben.

„Weshalb belohnst du diese Leute?", fragte ihn sein Freund.

„Nun", meinte Dschien, „sie machen es mir doch möglich, mich heute, am Neujahrstage, durch die Freilassung dieser Tauben in Güte zu üben!"

Sein Freund schüttelte missbilligend den Kopf.

„Wenn man hören wird, dass du den Tauben die Freiheit wiedergegeben hast und die Leute, die sie gebracht haben, belohnt wurden", sagte er, „dann werden alle anderen wetteifern, Wildtauben für dich zu fangen. Was glaubst du wohl, wie viele dieser Vögel jetzt ihr Leben lassen werden? Willst du den Tauben etwas Gutes erweisen, dann verbiete den Leuten, sie zu fangen! Lässt du die Tauben fangen, um sie später freizulassen, dann kann deine Güte niemals mehr gutmachen, was vorher verbrochen wurde!"

„Du hast recht", sagte Dschien.

ALTCHINESISCHE GESCHICHTE

Die kleine Schraube

Es war einmal in einem riesigen Schiff eine ganz kleine Schraube, die mit vielen anderen ebenso kleinen Schrauben zwei große Stahlplatten miteinander verband. Diese kleine Schraube fing an, bei der Fahrt mitten im Indischen Ozean etwas locker zu werden, und drohte herauszufallen.

Da sagten die nächsten Schrauben zu ihr: „Wenn du herausfällst, dann gehen wir auch." Und die Nägel unten am Schiffskörper sagten: „Uns wird es auch zu eng, wir lockern uns auch ein wenig." Als die großen eisernen Rippen das hörten, da riefen sie: „Um Gottes willen, bleibt; denn wenn ihr nicht mehr haltet, dann ist es um uns geschehen!"

Und das Gerücht von dem Vorhaben der kleinen Schraube verbreitete sich blitzschnell durch den ganzen riesigen Körper des Schiffes. Er ächzte und erbebte in allen Fugen.

Da beschlossen sämtliche Rippen und Platten und Schrauben und auch die kleinsten Nägel, eine gemeinsame Botschaft an die kleine Schraube zu senden, sie möchte doch bleiben; denn sonst würde das ganze Schiff bersten und keine von ihnen die Heimat erreichen. Das schmeichelte dem Stolz der kleinen Schraube, dass ihr solch ungeheure Bedeutung beigemessen wurde, und sie ließ sagen, sie wolle sitzen bleiben.

RUDYARD KIPLING

$\mathcal{D}$as Hemd des Glücklichen

Ein Zar lag schwer krank darnieder und versprach: „Die Hälfte meines Reiches will ich dem geben, der mich wieder gesund macht!" Da versammelten sich alle Weisen des Landes und beratschlagten, wie sie den Zaren heilen könnten. Aber niemand wusste Rat.

Nur ein Weiser erklärte: „Wenn man einen glücklichen Menschen findet, ihm sein Hemd auszieht und es dem Zaren anlegt, dann wird der Zar genesen."

Daraufhin schickte der Zar Boten aus, die in seinem weiten Reich einen glücklichen Menschen suchen sollten. Aber es gab keinen einzigen Menschen, der mit allem wahrhaft zufrieden und deshalb glücklich gewesen wäre. Der eine war zwar gesund, aber in seiner Armut unglücklich. Und wenn einer gesund und reich war, dann war die Ehe unglücklich oder seine Kinder waren nicht geraten. Kurz – alle hatten einen Grund, sich über etwas zu beklagen.

Da ging einmal spät am Abend der Zarensohn an einer armseligen Hütte vorüber und er hörte, wie drinnen jemand sagte: „Nun ist Gott sei Dank meine Arbeit geschafft, ich habe gut verdient, ich bin satt und kann mich nun ruhig schlafen legen. Was wünschte ich noch? Ich wüsste es nicht."

Den Zarensohn erfasste eine große Freude. Nach seiner Rückkehr in den Palast befahl er, diesem Mann sein Hemd auszuziehen und ihm dafür so viel Geld zu geben, wie er nur wünschte, und dem Zaren das Hemd zu überbringen. Die Boten eilten zu dem glücklichen

Menschen, um ihm gegen schweres Gold sein Hemd einzutauschen. Aber der Glückliche war so arm, dass er gar kein Hemd hatte ..."

LEO N. TOLSTOI

Die Sperlinge

Eine alte Kirche, welche den Sperlingen unzählige Nester gab, ward ausgebessert. Als sie nun in ihrem neuen Glanze da stand, kamen die Sperlinge wieder, ihre alten Wohnungen zu suchen. Allein, die fanden sie alle vermauert. Zu was, schrien sie, taugt denn nun das große Gebäude? Kommt, verlasst den unbrauchbaren Steinhaufen!

GOTTHOLD EPHRAIM LESSING

Bauer und Schiffsmann

Ein Bauer konnte sich über die Kühnheit der Schiffsleute gar nicht genug wundern, die einem so schwachen Holz Leib und Seele anvertrauten und beides so oft an den wilden Meeresklippen einbüßten.

Darum fragte er einstmals einen Schiffer, wo denn sein Vater gestorben wäre. „Auf dem Meer", antwortete der Schiffsmann. „Und dein Großvater und dein Urgroßvater?", fragte der Bauer. „Auch auf dem Meer", bekam er zur Antwort. „Auch auf dem Meer?", sagte der Bauer. „Wie kannst du dann so närrisch sein und dich auch dem Meer anvertrauen, das dir deinen Vater, Großvater und Urgroßvater fortgenommen?"

„Und dein Vater und dein Großvater", antwortete der Schiffsmann, „wo sind die gestorben?" – „Auf dem Bett", erwiderte der Bauer.

„Und warum bist du dann ein so großer Narr", fragte der Schiffsmann, „dass du alle Nacht in dasselbe Bett steigst, auf dem deine Vorfahren gestorben? Da siehst du, Bauer, dass es nichts ausmacht, wo einer stirbt; wenn er nur selig stirbt."

ABRAHAM A SANTA CLARA

Die Liebe und die Geduld

Ein Ordensbruder kam in ein Dorf und konnte nichts zu essen bekommen und erhielt auch kein Almosen. Da ging er in die Dorfkirche und fing an, die Glocke zu läuten. Der Mesner kam gelaufen und fragte, wer gestorben sei, dass er also läute. Der Fremde sprach: „Die göttliche Liebe ist tot in eurem Dorf. Mir ist kein Almosen zuteilgeworden, darum läute ich." Als er aufhörte zu läuten, da fing der Mesner an, die große Glocke zu läuten. Der Ordensbruder fragte, wem er läute. Der Mesner sprach: „Deine Geduld, die du haben solltest, die ist auch tot, darum läute ich."

JOHANNES PAULI

Gib du ihm deine Hand

In einem Sumpf in Nord-Persien war ein Mann versunken. Nur sein Kopf schaute noch aus dem Morast heraus. Lauthals schrie er um Hilfe.

Bald sammelte sich eine Menschenmenge an dem Ort des Unglücks und einer fasste den Mut, dem Verunglückten zu helfen.

„Gib mir deine Hand", rief er zu ihm herüber. „Ich werde dich aus dem Sumpf herausziehen."

Doch der Versunkene schrie weiterhin um Hilfe und tat nichts, dass der andere ihn herausziehen konnte.

„Gib mir deine Hand", forderte dieser ihn mehrere Male auf. Die Antwort war lediglich ein erbärmliches Schreien um Hilfe.

Da trat ein anderer Mann hinzu und sprach: „Du siehst doch, dass er dir niemals seine Hand geben wird. Gib du ihm deine Hand, dann wirst du ihn retten können."

NOSSRAT PESESCHKIAN

Der Hund
und das Stück Fleisch

Ein großer Hund hatte einem kleinen, schwächlichen Hündchen ein dickes Stück Fleisch abgejagt. Er brauste mit seiner Beute davon. Als er über eine schmale Brücke lief, fiel zufällig sein Blick ins Wasser. Wie vom Blitz getroffen blieb er stehen, denn er sah unter sich einen Hund, der gierig seine Beute festhielt. „Der kommt mir zur rechten Zeit", sagte der Hund auf der Brücke, „heute habe ich wirklich Glück. Sein Stück Fleisch scheint noch größer zu sein als meins."

Gefräßig stürzte sich der Hund kopfüber in den Bach und biss nach dem Hund, den er von der Brücke aus gesehen hatte. Das Wasser spritzte auf. Er ruderte wild im Bach umher und spähte hitzig nach allen Seiten. Aber er konnte den Hund mit dem Stück Fleisch nicht mehr entdecken, er war verschwunden.

Da fiel dem Hund sein soeben erbeutetes, eigenes Stück ein. Wo war es geblieben? Verwirrt tauchte er unter und suchte danach. Doch vergeblich, in seiner dummen Gier war ihm auch noch das Stück Fleisch verloren gegangen, das er schon sicher zwischen seinen Zähnen gehabt hatte.

AESOP

53

Spuren am Weg

Es war einmal ein Vater, der zwei Söhne hatte. Je älter und gebrechlicher er wurde, desto mehr dachte er über sein Leben nach. Und manchmal kamen ihm Zweifel, ob er seinen Söhnen wohl das Wichtigste für ihr Leben weitergegeben hatte.

Weil ihn diese Frage nicht losließ, beschloss der Vater, seine Söhne mit einem besonderen Auftrag auf eine Reise zu schicken. Er ließ sie zu sich kommen und sagte: „Ich bin alt und gebrechlich geworden. Meine Spuren und Zeichen werden bald verblassen. Nun möchte ich, dass ihr in die Welt hinausgeht und dort eure ganz persönlichen Spuren und Zeichen hinterlasst."

Die Söhne taten, wie ihnen geheißen, und zogen hinaus in die Welt. Der Ältere begann sogleich eifrig damit, Grasbüschel zusammenzubinden, Zeichen in Bäume zu schnitzen, Äste zu knicken und Löcher zu graben, um seinen Weg zu kennzeichnen. Der jüngere Sohn jedoch sprach mit den Leuten, denen er begegnete, er ging in die Dörfer und feierte, tanzte und spielte mit den Bewohnern.

Da wurde der ältere Sohn zornig und dachte bei sich: „Ich arbeite die ganze Zeit und hinterlasse meine Zeichen, mein Bruder aber tut nichts."

Nach einiger Zeit kehrten sie zum Vater zurück. Der nahm dann gemeinsam mit seinen Söhnen seine letzte und beschwerliche Reise auf sich, um ihre Zeichen zu sehen.

Sie kamen zu den gebundenen Grasbüscheln. Der Wind hatte sie verweht und sie waren kaum noch zu erkennen. Die gekennzeichneten Bäume waren gefällt worden und die Löcher, die der ältere der beiden Söhne gegraben hatte, waren fast alle bereits wieder zugeschüttet.

Aber wo immer sie auf ihrer Reise hinkamen, liefen Kinder und Erwachsene auf den jüngeren Sohn zu und freuten sich, dass sie ihn wiedersahen, und luden ihn zum Essen und zum Feiern ein.

Am Ende der Reise sagte der Vater zu seinen Söhnen: „Ihr habt beide versucht, meinen Auftrag, Zeichen zu setzen und Spuren zu hinterlassen, zu erfüllen. Du, mein Älterer, hast viel geleistet und gearbeitet, aber deine Zeichen sind verblichen. Du, mein Jüngerer, hast Zeichen und Spuren in den Herzen der Menschen hinterlassen. Diese bleiben und leben weiter."

AFRIKANISCHE GESCHICHTE

Die Bäume

Denn wir sind wie Baumstämme im Schnee. Scheinbar liegen sie glatt auf und mit kleinem Anstoß sollte man sie wegschieben können. Nein, das kann man nicht, denn sie sind fest mit dem Boden verbunden. Aber sieh, sogar das ist nur scheinbar.

FRANZ KAFKA

Der Löwe und das Lämmchen

Eines Tages brachte man einem gefangenen Löwen ein
junges Lämmchen zum Fraß. Es war so unschuldig und
arglos, dieses Schäfchen, dass es keine Furcht vor dem
Löwen empfand, sondern ganz nahe an ihn heranging,
als wäre er seine Mutter. Mit staunenden und demüti-
gen Blicken sah es ihn an.

Der Löwe, von so viel vertrauensseliger Unschuld ge-
rührt, hatte nicht das Herz, das Lämmchen zu töten,
und blieb brummend zurück, den Hunger in seinem
Leibe.

LEONARDO DA VINCI

Durchreise

Ein Herrscher saß umringt von Ratgebern in seiner Audienzhalle und hörte sich die öffentlich vorgetragenen Bitten und Klagen an. Da drängte sich ein stattlicher Mann durch die Menge der Neugierigen und Ratsuchenden, bis er vor den Thron des Herrschers gelangte. Er rief einen solchen Respekt hervor, dass niemand es wagte, ihn aufzuhalten.

„Was ist mit dir? Was willst du?", sprach ihn barsch der Herrscher an.

„Was soll denn Besonderes mit mir sein? Ich bin auf der Durchreise und suche lediglich dieses Hotel auf."

„Bist du blind? Das ist hier kein Hotel, das ist mein Palast!", fuhr ihn erbost der Herrscher an.

„Aha!", sagte der Mann. „Und wem gehörte der Palast früher?"

„Natürlich meinem Vater", erwiderte der Herrscher.

„Und wem gehörte er davor?"

„Dem Vater meines Vaters, wem wohl sonst!"

„Und davor?"

„Dem Vater des Vaters meines Vaters!"

„Und davor?"

„Wieder dem Vater von dem!"

„Und wohin sind sie gegangen?", fragte der Mann.

„Sie sind gestorben", antwortete der Herrscher.

„Und du willst mir erklären, das hier ist kein Hotel, wo der eine kommt, der andere geht und alle, die hier wohnen, nur auf der Durchreise sind?!"

NORBERT LECHLEITNER

Schwierige Freundschaft

Ein Hund und ein Pferd waren befreundet.

Der Hund sparte dem Pferd die besten Knochen auf, das Pferd legte dem Hund die duftigsten Heubündel vor, und so wollte jeder dem andern das Liebste tun, und so wurde keiner von beiden satt.

ERNST BLOCH

59

Anekdote zur Senkung der Arbeitsmoral

In einem Hafen an der westlichen Küste Europas liegt ein ärmlich gekleideter Mann in seinem Fischerboot und döst. Ein schick angezogener Tourist legt eben einen neuen Farbfilm in seinen Fotoapparat, um das idyllische Bild zu fotografieren: blauer Himmel, grüne See mit friedlichen, schneeweißen Wellenkämmen, schwarzes Boot, rote Fischermütze. Klick. Noch einmal: klick, und da aller guten Dinge drei sind und sicher sicher ist, ein drittes Mal: klick.

Das spröde, fast feindselige Geräusch weckt den dösenden Fischer, der sich schläfrig aufrichtet, schläfrig nach seiner Zigarettenschachtel angelt; aber bevor er das Gesuchte gefunden, hat ihm der eifrige Tourist schon eine Schachtel vor die Nase gehalten, ihm die Zigarette nicht gerade in den Mund gesteckt, aber in die Hand gelegt, und ein viertes Klick, das des Feuerzeuges, schließt die eilfertige Höflichkeit ab. Durch jenes kaum messbare, nie nachweisbare Zuviel an flinker Höflichkeit ist eine gereizte Verlegenheit entstanden, die der Tourist – der Landessprache mächtig – durch ein Gespräch zu überbrücken versucht.

„Sie werden heute einen guten Fang machen." Kopfschütteln des Fischers. „Aber man hat mir gesagt, dass das Wetter günstig ist." Kopfnicken des Fischers.

„Sie werden also nicht ausfahren?" Kopfschütteln des Fischers, steigende Nervosität des Touristen.

Gewiss liegt ihm das Wohl des ärmlich gekleideten Menschen am Herzen, nagt an ihm die Trauer über die verpasste Gelegenheit.

„Oh, Sie fühlen sich nicht wohl?" Endlich geht der Fischer von der Zeichensprache zum wahrhaft gesprochenen Wort über.

„Ich fühle mich großartig", sagt er. „Ich habe mich nie besser gefühlt." Er steht auf, reckt sich, als wollte er demonstrieren, wie athletisch er gebaut ist. „Ich fühle mich phantastisch."

Der Gesichtsausdruck des Touristen wird immer unglücklicher, er kann die Frage nicht mehr unterdrücken, die ihm sozusagen das Herz zu sprengen droht: „Aber warum fahren Sie dann nicht aus?" Die Antwort kommt prompt und knapp. „Weil ich heute Morgen schon ausgefahren bin." „War der Fang gut?" „Er war so gut, dass ich nicht noch einmal auszufahren brauche, ich habe vier Hummer in meinen Körben gehabt, fast zwei Dutzend Makrelen gefangen …"

Der Fischer, endlich erwacht, taut jetzt auf und klopft dem Touristen beruhigend auf die Schultern. Dessen besorgter Gesichtsausdruck erscheint ihm als ein Ausdruck zwar unangebrachter, doch rührender Kümmernis. „Ich habe sogar für morgen und übermorgen genug", sagt er, um des Fremden Seele zu erleichtern. „Rauchen Sie eine von meinen?" „Ja, danke."

Zigaretten werden in die Münder gesteckt, ein fünftes Klick, der Fremde setzt sich kopfschüttelnd auf den Bootsrand, legt die Kamera aus der Hand, denn er braucht jetzt beide Hände, um seiner Rede Nachdruck zu verleihen.

„Ich will mich ja nicht in Ihre persönlichen Angelegenheiten mischen", sagt er, „aber stellen Sie sich mal vor, Sie führen heute ein zweites, ein drittes, vielleicht sogar ein viertes Mal aus und Sie würden drei, vier, fünf, vielleicht gar zehn Dutzend Makrelen fangen – stellen Sie sich das mal vor." Der Fischer nickt. „Sie würden", fährt der Tourist fort, „nicht nur heute, sondern morgen, übermorgen, ja, an jedem günstigen Tag zwei-, dreimal, vielleicht viermal ausfahren – wissen Sie, was geschehen würde?" Der Fischer schüttelt den Kopf. „Sie würden sich spätestens in einem Jahr einen Motor kaufen können, in zwei Jahren ein zweites Boot, in drei oder vier Jahren vielleicht einen kleinen Kutter haben, mit zwei Booten und dem Kutter würden Sie natürlich viel mehr fangen – eines Tages würden Sie zwei Kutter haben, Sie würden ...", die Begeisterung verschlägt ihm für ein paar Augenblicke die Stimme. „Sie würden ein kleines Kühlhaus bauen, vielleicht eine Räucherei, später eine Marinadenfabrik, mit einem eigenen Hubschrauber rundfliegen, die Fischschwärme ausmachen und Ihren Kuttern per Funk Anweisungen geben. Sie könnten die Lachsrechte erwerben, ein Fischrestaurant eröffnen, den Hummer ohne Zwischenhändler direkt nach Paris exportieren – und dann ...", wieder verschlägt die Begeisterung dem Fremden die Sprache. Kopfschüttelnd, im tiefsten Herzen betrübt, seiner Urlaubsfreude schon fast verlustig, blickt er auf die friedlich hereinrollende Flut, in der die ungefangenen Fische munter springen. „Und dann", sagt er, aber wieder verschlägt ihm die Erregung die Sprache.

Der Fischer klopft ihm auf den Rücken, wie einem Kind, das sich verschluckt hat. „Was dann?", fragt er leise.

„Dann", sagt der Fremde mit stiller Begeisterung, „dann könnten Sie beruhigt hier am Hafen sitzen, in der Sonne dösen – und auf das herrliche Meer blicken."

„Aber das tu' ich doch schon jetzt", sagt der Fischer, „ich sitze beruhigt am Hafen und döse, nur Ihr Klicken hat mich dabei gestört."

Tatsächlich zog der solcherlei belehrte Tourist nachdenklich von dannen, denn früher hatte er auch einmal geglaubt, er arbeite, um eines Tages einmal nicht mehr arbeiten zu müssen, und es blieb keine Spur von Mitleid mit dem ärmlich gekleideten Fischer in ihm zurück, nur ein wenig Neid.

HEINRICH BÖLL

Der Nagel

Ein Kaufmann hatte auf der Messe gute Geschäfte gemacht, alle Waren verkauft und seine Geldkatze mit Gold und Silber gespickt. Er wollte jetzt heimreisen und vor Einbruch der Nacht zu Haus sein. Er packte also den Mantelsack mit dem Geld auf sein Pferd und ritt fort.

Zu Mittag rastete er in einer Stadt. Als er weiterwollte, führte ihm der Hausknecht das Ross vor, sprach aber: „Herr, am linken Hinterfuß fehlt am Hufeisen ein Nagel." „Lass ihn fehlen", erwiderte der Kaufmann, „die sechs Stunden, die ich noch zu machen habe, wird das Eisen wohl festhalten. Ich habe Eile."

Nachmittags, als er wieder abgestiegen war und dem Ross Brot geben ließ, kam der Knecht und sagte: „Herr, eurem Pferd fehlt am linken Hinterfuß ein Hufeisen. Soll ich's zum Schmied führen?" „Lass es fehlen! Die Stunden, die noch übrig sind, wird das Pferd wohl aushalten. Ich habe Eile."

Er ritt fort. Aber nicht lange, so fing das Pferd zu hinken an. Es hinkte nicht lange, so fing es an zu stolpern, und es stolperte nicht lange, so fiel es nieder und brach ein Bein.

Der Kaufmann musste das Pferd liegen lassen, den Mantelsack abschnallen, auf die Schulter nehmen und zu Fuß nach Hause gehen, wo er erst spät in der Nacht anlangte. „An allem Unglück", sprach er zu sich selbst, „ist der verwünschte Nagel schuld."

GEBRÜDER GRIMM

Der Frosch und der Ochse

Ein Frosch sah einen Ochsen auf der Wiese gehen und dachte bei sich: „Wenn ich meine runzlige Haut tüchtig aufblase, so kann ich wohl auch so groß werden wie dieser Ochse." Und er fing an sich aufzublähen, so stark er nur konnte, und er fragte seine Brüder:

„Nun, was meint ihr, bin ich bald so groß wie der Ochse?"

Aber sie lachten ihn aus. Da blies er sich noch stärker auf und fragte abermals: „Wie nun?"

Aber sie riefen lachend: „Nein, noch lange nicht."

„Dann will ich's euch zeigen", schrie er erbost und blies sich so heftig auf, dass er platzte.

KARL SIMROCK

$\mathscr{D}$er Geizige

„Ich Unglücklicher!", klagte ein Geizhals seinem Nachbarn. „Man hat mir den Schatz, den ich in meinem Garten vergraben hatte, diese Nacht entwendet und einen verdammten Stein an dessen Stelle gelegt."

„Du würdest", antwortete ihm der Nachbar, „deinen Schatz doch nicht genutzt haben. Bilde dir also ein, der Stein sei dein Schatz; und du bist nichts ärmer."

„Wäre ich schon nichts ärmer", erwiderte der Geizhals, „ist ein andrer nicht um so viel reicher? Ein andrer um so viel reicher! Ich möchte rasend werden."

GOTTHOLD EPHRAIM LESSING

*B*in ich verrückt?

Ein Mann stürzte von einer Klippe in eine tiefe Schlucht. Beim Absturz konnte er sich festhalten. Dort hing er über der dreihundert Meter tiefen Schlucht.

Voller Angst sah er den winzigen Zweig, den riesigen Abgrund und spürte, wie seine Kräfte nachließen. In seiner Todesangst schrie er zu Gott. „Gott, wenn es dich gibt, rette mich und ich will an dich glauben!"

Nach einer Weile hörte er eine mächtige Stimme durch die Schlucht dröhnen: „Das sagen alle Menschen, wenn sie in großer Not sind." –

„Nein, Gott", rief der Mann, „ich bin nicht wie die anderen, ich will wirklich an dich glauben; hilf mir doch bitte!" –

„Gut, ich werde dich retten", ertönte die Stimme, „lass den Zweig los, ich werde dich auffangen und bewahren!" –

„Den Zweig loslassen? Bin ich verrückt?", schrie der Mann.

AXEL KÜHNER

67

Zielstrebig

Ein ehrgeiziger Mann kam zum Meister und klagte, dass all seine Bemühungen am Ende doch fruchtlos geblieben sind.

Der Meister fragte ihn: „Was heißt: am Ende? Ist es nicht nur das Ende deiner Geduld, das dich am Erfolg deines Bemühens hindert? Ich will dir darum die Geschichte von der Schnecke erzählen:

An einem grauen und regnerischen Frühlingstag kam eine Schnecke auf den Gedanken, dass es statt des Frühgemüses noch etwas anderes geben müsse, das ihr schmecken würde. So machte sie sich auf den Weg und kroch den Kirschbaum hinauf. Die Spatzen konnten sich vor Lachen über ihr Bemühen kaum auf den Zweigen halten. Einer von den frechen Vögeln hatte wohl Mitleid mit ihr, flog auf sie zu und fragte: „Was willst du denn hier? Siehst du denn nicht, dass der Baum noch gar keine Früchte trägt?"

„Na ja", erwiderte die Schnecke, „selbstverständlich weiß ich, dass der Kirschbaum jetzt noch keine Früchte trägt – aber bis ich oben bin, wird er welche haben!"

Und beharrlich kroch sie weiter.

NORBERT LECHLEITNER

Der Axtdieb

Ein Mann suchte seine Axt und fand sie nicht. Er vermutete, dass der Sohn des Nachbarn seine Axt gestohlen hätte. Darum beobachtete er den Nachbarjungen genau. Dessen Gang war der eines Axtdiebes. Er blickte wie ein Dieb. Er sprach wie ein Dieb. Alles, was der Junge tat und wie er es tat, ließ auf einen Axtdieb schließen. Der Verdacht wurde immer stärker.

Nach einiger Zeit fand der Mann seine Axt wieder. Er hatte sie nur an einer ungewöhnlichen Stelle verlegt. Als er nun den Sohn des Nachbarn traf, waren sein Gang, dessen Blick, dessen Benehmen und dessen Worte nicht mehr die eines Axtdiebes, sondern die eines ganz normalen Menschen.

CHINESISCHE GESCHICHTE

$\mathcal{D}$ie Elfenbeinstäbchen

Im alten China beschloss ein junger Prinz, sich ein Paar Essstäbchen aus wertvollem Elfenbein fertigen zu lassen.

Als sein Vater, ein weiser König, davon erfuhr, suchte er seinen Sohn auf und warnte ihn:

„Überdenke deinen Wunsch! Diese beiden kostbaren Elfenbeinstäbchen können dich ins Verderben stürzen!"

Der junge Prinz verstand die Welt nicht mehr. Er wusste nicht, ob sein Vater es ernst meinte oder sich einen Scherz mit ihm erlaubte.

Doch der König erklärte es ihm:

„Sobald du diese Elfenbeinstäbchen hast, wirst du feststellen, dass sie nicht zu unserem Geschirr passen. Du wirst nach Tassen und Schälchen aus Jade verlangen. Aber Schalen aus Jade und Elfenbeinstäbchen dulden keine gewöhnlichen Speisen, du wirst Elefantenschwänze und Leopardenleber essen wollen. Doch ein Mann, der Elefantenschwänze und Leopardenleber gekostet hat, wird sich nicht mit Hanfkleidern und einer einfachen Behausung abgeben. Also wirst du seidene Anzüge und prächtige Paläste verlangen. Und dafür wirst du alle Kassen des Königreiches plündern müssen. Deine Wünsche werden ins Unermessliche gehen. Bald wirst du dich an ein luxuriöses Leben gewöhnen und deine Ausgaben werden keine Grenzen mehr kennen. Das Königreich wird verfallen und im Elend versinken. Denn deine Elfenbeinstäbchen sind wie der kleine, feine Riss in der Mauer, der irgendwann das gesamte Mauerwerk einstürzen lässt."

Der Prinz vergaß seinen launischen Einfall und wurde später selbst ein Monarch, den alle für seine große Weisheit rühmten.

HAN FEI

Der Gegendienst

Ein Paar Mäuse sprangen mutwillig um einen schlafenden Löwen herum und da er sich nicht rührte, begannen sie sogar auf ihm herumzutanzen. Da wurde er wach und hatte gleich eine von ihnen gepackt.

„Ich bitte dich", flehte die Maus, „schone mein Leben, ich will es dir auch gerne mit einem Gegendienst vergelten." Da musste der Löwe lachen und ließ sie los.

Nach einiger Zeit aber verfing er sich in den Netzen der Jäger und vermochte sich auch mit aller Kraft nicht mehr aus den Schlingen zu befreien. Da kam die Maus herzugelaufen und nagte mit emsigem Zahn eine von den Schleifen entzwei, eine einzige nur, aber auch die anderen begannen davon aufzugehen, und der Löwe konnte seine Fesseln zerreißen.

Keiner ist so gering, dass er nicht auch einmal einem Mächtigen zu helfen vermöchte.

AESOP

Nur bei Anwendung

Ein Seifenfabrikant sagte einem Priester: „Das Christentum hat nichts erreicht. Obwohl es schon bald zweitausend Jahre gepredigt wird, ist die Welt nicht besser geworden. Es gibt immer noch Böses und böse Menschen."

Der Priester wies auf ein ungewöhnlich schmutziges Kind, das am Straßenrand im Dreck spielte, und bemerkte: „Seife hat nichts erreicht. Es gibt immer noch Schmutz und schmutzige Menschen in der Welt."

„Seife", entgegnete der Fabrikant, „nutzt nur, wenn sie angewandt wird."

Der Priester antwortete: „Christentum auch."

GISBERT KRANZ

Eine Begegnung

Der Hochmut ging eines schönen Tages spazieren. Er trug eine Krone aus Seifenblasen auf dem Kopf, und sie schillerten bunt und prächtig im Sonnenschein. An seinem purpurfarbigen Gewand hingen zahllose vergoldete Glaskugeln; die Plattfüße hatte er in Schuhe mit ungeheuren Hacken gesteckt und schritt auf ihnen so majestätisch einher wie ein hölzerner König in der Puppenkomödie. Sein breites Gesicht strahlte von Selbstzufriedenheit, seine roten, fingerdicken Lippen waren verächtlich verzogen; aus halb geschlossenen Lidern blickte er um sich, als ob nichts da wäre, der Mühe wert, ihm einen ganzen Blick zu gönnen.

Da kam ein Wesen ihm entgegen, bei dessen Erscheinen er stutzte. Ein Wesen von schlichtem Aussehen; bescheiden sein Gang, seine Haltung, seine Gebärde; schön sein Angesicht, auf dem ein edler Ernst und tiefinnerlichster Frieden sich malten. „Weiche mir aus!", rief der Hochmut ihm zu.

„Gern", erwiderte der andere lächelnd und gab Raum. Dennoch fühlte der Hochmut sich verletzt: „Du lächelst? Wie darfst du es wagen, zu lächeln in meiner Gegenwart?", schnaubte er und warf sich wütend auf den Beleidiger. Dieser wehrte ihn nicht ab, regte sich nicht einmal, stand nur ruhig und fest. Der Hochmut aber stürzte zur Erde und alle seine Glaskugeln lagen in Scherben – er war an das Verdienst angerannt.

MARIE VON EBNER-ESCHENBACH

74

Zurücklassen

Zwei Mönche waren abends auf dem Heimweg ins Kloster. Am Flussufer trafen sie ein hübsches junges Mädchen, das verzweifelt nach einem Weg über den Strom suchte. Ohne lange zu fackeln, nahm der eine Mönch sie auf seine Arme und trug sie über die Furt. Drüben setzte er sie ab und ging weiter.

Das gab seinem Gefährten zu denken. Stundenlang grübelte er über das Benehmen seines Freundes nach, bis er sich schließlich an ihn wandte und sagte: „Du weißt doch, dass die Mönchsregeln uns streng verbieten, auch nur in der Nähe einer Frau zu verweilen, besonders wenn sie jung und hübsch ist. Wie konntest du dieses Mädchen nur so einfach auf die Arme nehmen?"

Erstaunt drehte sich der andere um und sagte: „Trägst du sie denn immer noch? Ich habe sie am Fluss zurückgelassen."

ASIATISCHE GESCHICHTE

Zwei Wölfe ...

Ein alter Indianer saß mit seinem Enkelsohn am La-
gerfeuer. Es war schon dunkel geworden und das Feuer
knackte, während die Flammen in den Himmel zün-
gelten.

Der Alte sagte nach einer Weile des Schweigens:
„Weißt du, wie ich mich manchmal fühle? Es ist, als ob
da zwei Wölfe in meinem Herzen miteinander kämp-
fen würden. Einer der beiden ist rachsüchtig, aggressiv
und grausam. Der andere hingegen ist liebevoll, sanft
und mitfühlend."

„Welcher der beiden wird den Kampf um dein Herz
gewinnen?", fragte der Junge.

„Der Wolf, den ich füttere", antwortete der Alte.

UNBEKANNTER VERFASSER

*M*einungsänderung

Ein Kriegsschiff befand sich auf offener See. Die See war unruhig und Nebelschwaden erschwerten die Sicht.

Kurz nach Anbruch der Dunkelheit meldete der Ausguck: „Licht Steuerbord voraus!" „Bleibt es stehen oder bewegt es sich achteraus?", fragte der Kapitän. Der Ausguck antwortete: „Es bleibt, Kapitän."

Das Schiff befand sich also auf einem gefährlichen Kollisionskurs mit dem anderen Schiff.

Da rief der Kapitän dem Signalgast zu: „Schicken Sie dem Schiff ein Signal: Wir sind auf Kollisionskurs, empfehlen 20 Grad Kursänderung." Zurück kam das Signal: „Empfehlen Ihnen, den Kurs um 20 Grad zu ändern." Der Kapitän sagte: „Melden Sie: Ich bin ein Kapitän, Kurs um 20 Grad ändern." „Ich bin ein Unteroffizier", lautete die Antwort. „Sie sollten Ihren Kurs besser um 20 Grad ändern."

Inzwischen war der Kapitän ziemlich wütend. Er schimpfte: „Signalisieren Sie, dass ich ein Kriegsschiff bin. Er soll den Kurs um 20 Grad ändern." Prompt wurde eine Antwort zurückgeblinkt: „Ich bin ein Leuchtturm."

Das Kriegsschiff änderte den Kurs.

UNBEKANNTER VERFASSER

Der hungrige Fuchs

„Ich bin zu einer unglücklichen Stunde geboren!", so klagte ein junger Fuchs einem alten. „Fast keiner von meinen Anschlägen will mir gelingen."

„Deine Anschläge", sagte der ältere Fuchs, „werden ohne Zweifel doch klug sein. Lass doch hören, wann machst du deine Anschläge?"

„Wann ich sie mache? Wann anders, als wenn mich hungert?"

„Wenn dich hungert?", fuhr der alte Fuchs fort. „Ja! Da haben wir es! Hunger und Überlegung sind nie beisammen. Mache sie künftig, wenn du satt bist, und sie werden besser ausfallen."

GOTTHOLD EPHRAIM LESSING

Die Teekanne

Es war einmal eine stolze Teekanne, stolz auf ihr Porzellan, stolz auf ihre lange Tülle, stolz auf ihren breiten Henkel; sie hatte etwas vorne an und hinten an, den Henkel hinten, die Tülle vorn, und davon sprach sie; aber sie sprach nicht von ihrem Deckel, der war zerbrochen, der war gekittet, der hatte einen Fehler, und von seinen Fehlern spricht man nicht gerne, das tun die andern genug. Tassen, Sahnekännchen und Zuckerdose, das ganze Teegeschirr würden wohl mehr an die Gebrechlichkeit des Deckels denken und von der sprechen als von dem guten Henkel und der ausgezeichneten Tülle, das wusste die Teekanne.

„Ich kenne sie!", sagte sie zu sich selber. „Ich kenne auch wohl meine Mängel, und ich erkenne sie, darin liegt meine Demut, meine Bescheidenheit, Mängel haben wir alle, aber man hat doch auch Begabung. Die Tassen erhielten einen Henkel, die Zuckerdosen einen Deckel, und ich erhielt noch ein Ding voraus, das sie niemals erhalten, ich erhielt eine Tülle, die macht mich zur Königin auf dem Teetisch. Der Zuckerschale und dem Sahnekännchen ward es vergönnt, die Dienerinnen des Wohlgeschmacks zu sein, aber ich bin die Gebende, die Herrschende, ich verbreite den Segen unter der durstenden Menschheit; in meinem Innern werden die chinesischen Blätter mit dem kochenden geschmacklosen Wasser verbunden."

All dies sagte die Teekanne in ihrer unternehmenden Jugendzeit. Sie stand auf dem gedeckten Tisch, sie

wurde von der feinsten Hand erhoben: Aber die feins-
te Hand war ungeschickt, die Teekanne fiel, die Tülle
brach ab, der Henkel brach ab, der Deckel ist nicht wert,
darüber zu reden; es ist genug von ihm geredet. Die Teekanne lag ohnmächtig auf dem Fußboden; das kochende Wasser lief heraus. Es war ein schwerer Schlag, den
sie erhielt, und das Schwerste war, dass sie lachten; sie
lachten über sie und nicht über die ungeschickte Hand.

„Die Erinnerung kann ich nicht loswerden!", sagte
die Teekanne, wenn sie sich später ihren Lebenslauf
erzählte.

„Ich wurde Invalide genannt, in eine Ecke gestellt
und tags darauf an eine Frau fortgeschenkt, die um
Küchenabfall bettelte; ich sank in Armut hinab, stand
zwecklos, innerlich wie äußerlich; aber da, wie ich so
stand, begann mein besseres Leben; man ist das eine
und wird ein ganz anderes. Es wurde Erde in mich gelegt; das heißt für eine Teekanne, begraben zu werden;
aber in die Erde wurde eine Blumenzwiebel gelegt; wer
sei hineinlegte, wer sie gab, das weiß ich nicht; gegeben
wurde sie, ein Ersatz für die chinesischen Blätter und
das kochende Wasser, ein Ersatz für den abgebroche-
nen Henkel und die Tülle. Und die Zwiebel lag in der
Erde, die Zwiebel lag in mir; sie wurde mein Herz, mein
lebendes Herz; ein solches hatte ich früher nie gehabt.
Es war Leben in mir, es war Kraft, viel Kraft; der Puls
schlug, die Zwiebel trieb Keime; es war, wie um zer-
sprengt zu werden von Gedanken und Gefühlen; sie
brachen auf in einer Blüte; ich sah sie, ich trug sie, ich
vergaß mich selber in ihrer Herrlichkeit; gesegnet ist es,
sich selber in andern zu vergessen! Sie sagte mir nicht

Dank; sie dachte nicht an mich – sie wurde bewundert und gepriesen. Ich war froh darüber, wie musste sie es da sein! Eines Tages hörte ich, dass gesagt wurde, sie verdiene einen besseren Topf. Man schlug mich mitten entzwei; das tat gewaltig weh, aber die Blume kam in einen besseren Topf – und ich wurde in den Hof hinausgeworfen – liege da als ein alter Scherben – aber ich habe die Erinnerung, die kann ich nicht verlieren."

HANS CHRISTIAN ANDERSEN

Alles verloren?

Der einzige Überlebende eines Schiffsunglücks wird an den Strand einer einsamen und unbewohnten Insel gespült. Tag für Tag hält er Ausschau nach Rettung – vergeblich.

Schließlich baut er für sich und seine wenigen Habseligkeiten eine kleine Hütte aus Holz. Eines Tages aber geht seine Hütte in Flammen auf. Nun hat er alles verloren, er schreit und klagt vor Ärger und Verzweiflung.

Am nächsten Morgen hört er ein Motorboot. Er springt auf, und tatsächlich, man will ihn retten. „Woher wusstet ihr, dass ich hier bin?", fragt er glückstaumelnd seine Retter. „Wir haben Ihr Rauchsignal gesehen."

UNBEKANNTER VERFASSER

Über das Sprechen

Auf einem Fest wurde ein Schriftsteller gebeten, eine kurze Ansprache zu halten.

„Bedaure", sagte der Mann. „Wenn ich zehn Minuten sprechen soll, muss ich das zwei Wochen vorher wissen."

Der Gastgeber fragte verwundert: „Wie lange brauchen Sie denn zur Vorbereitung, wenn Sie eine Stunde sprechen sollen?"

„Drei Tage."

„Und wenn die Rede drei Stunden dauern soll?"

„Da kann ich sofort beginnen."

UNBEKANNTER VERFASSER

$\mathcal{D}$er Hase und der Affe

Ein Hase und ein Affe sind einmal miteinander spazieren gegangen. Da sagte der Affe zum Hasen: „Warum siehst du dich immer um, als ob dich jemand verfolgt?" Der Hase antwortete: „Warum soll ich mich nicht umsehen? Ich finde es lange nicht so schlimm, als wenn du dich immerzu kratzt." Darüber war der Affe sehr zornig und er wollte es nicht gelten lassen. Als sie eine Weile hin und her gestritten hatten, beschlossen sie – um des lieben Friedens willen –, sich am nächsten Tag von Sonnenaufgang bis zum Sonnenuntergang nebeneinander zu setzen und sich nicht zu kratzen und sich nicht umzuschauen.

So saßen sie sich denn am nächsten Morgen gegenüber: Der Hase schaute brav zu Boden und rührte sich nicht und der Affe legte seine Hände in den Schoß. Aber lange bevor es Mittag war, konnte es der Affe kaum mehr aushalten, sich nicht zu kratzen. Und als seine Qual zu schlimm wurde, fing er an, dem Hasen eine Geschichte zu erzählen: „Denk nur", sagte er, „einmal bin ich im Urwald von Jägern verfolgt worden und ihre Kugeln haben mich hier getroffen – und hier – und hier – und dort – und dann wieder hier!" Und jedes Mal, wenn er mit seinem Finger auf die betreffende Stelle zeigte, kratzte er sich nach Herzenslust und so schnell wie möglich; denn der Hase sollte es ja nicht merken.

Der Hase aber konnte es auch schon kaum mehr aushalten, mit seinen Augen immer nur auf den Boden oder geradeaus zu schauen, und deshalb erzählte er auch eine Geschichte: „Als mich einmal die Hunde des Jägers verfolgt haben", sagte er, „da bin ich vor Angst bald nach rechts und bald nach links gesprungen – bald hierhin – bald dorthin!", und blitzschnell folgten seine Augen, die so lange auf den Boden geschaut hatten, den Bewegungen seiner Pfote.

AFRIKANISCHE GESCHICHTE

Ein besonderes Geschenk

Eine weise Frau reiste durch die Berge. Eines Tages fand sie dort in einem Bachlauf einen sehr, sehr wertvollen Stein.

Am nächsten Tag traf sie einen anderen Wanderer. Der Mann war hungrig und die weise Frau öffnete ihre Tasche, um mit ihm ihr Brot zu teilen. Der Wanderer sah den wundervollen Stein in der Tasche. „Gib mir den Stein", sagte er.

Die Frau reichte dem Mann ohne jedes Zögern den Stein. Der machte sich schnell davon, denn ihm war klar, dass er nun den Rest seines Lebens sorgenfrei verbringen konnte.

Einige Tage später kam der Mann jedoch zurück zu der weisen Frau und gab ihr den Stein wieder.

„Ich habe nachgedacht", sagte er. „Ich weiß, wie wertvoll dieser Stein ist. Aber ich gebe ihn dir zurück. Das tue ich in der Hoffnung, dass du mir etwas viel Wertvolleres dafür schenken kannst. Bitte gib mir etwas davon, was es dir möglich machte, mir diesen Stein zu schenken."

UNBEKANNTER VERFASSER

Ach, nur Perlen!

Ein Araber hatte sich in der Wüste verirrt. Zwei Tage hatte er nichts zu essen und war in Gefahr vor Hunger zu sterben – bis er endlich auf eine der Wassergruben traf, aus denen die Reisenden ihre Kamele tränkten. Daneben sah er im Sand einen ledernen Sack liegen.

„Gott sei gelobt", sagte er, als er ihn aufhob und befühlte. „Das sind, glaube ich, Datteln und Nüsse, wie will ich mich an ihnen erquicken und laben!"

In dieser süßen Hoffnung öffnete er den Sack, sah, was er enthielt, und rief enttäuscht aus: „Ach, es sind nur Perlen!"

ORIENTALISCHE GESCHICHTE

*D*ie Angst der Kerze

Eines Tages kam ein Zündholz zur Kerze und sagte: „Ich habe den Auftrag, dich anzuzünden." „O nein!", erschrak da die Kerze. „Nur das nicht. Wenn ich brenne, sind meine Tage gezählt! Niemand mehr wird meine Schönheit bewundern!" Und sie begann zu weinen.

Das Zündholz fragte: „Aber willst du denn dein Leben lang kalt und hart bleiben, ohne je gelebt zu haben?"

„Aber brennen tut doch weh und zehrt an meinen Kräften", schluchzte die Kerze unsicher und voller Angst.

„Das ist schon wahr", entgegnete das Zündholz. „Aber das ist doch auch das Geheimnis unserer Berufung: Wir sind berufen, Licht zu sein. Was ich tun kann, ist wenig. Zünde ich dich aber nicht an, so verpasse ich den Sinn meines Lebens. Ich bin dafür da, das Feuer zu entfachen. Du bist die Kerze. Du sollst für andere leuchten und Wärme schenken. Alles, was du an Schmerz und Leid und Kraft hingibst, wird verwandelt in Licht. Du gehst nicht verloren, wenn du dich verzehrst. Andere werden dein Feuer weitertragen. Nur wenn du dich versagst, wirst du sterben."

Da spitzte die Kerze ihren Docht und sprach voller Erwartung: „Ich bitte dich, zünde mich an."

UNBEKANNTER VERFASSER

$\mathcal{D}$er Sonnenrufer

Auf dem Hühnerhof erkrankte der Hahn so schwer, dass man nicht mehr damit rechnen konnte, dass er am nächsten Morgen krähen werde.

Die Hennen machten sich daraufhin große Sorgen und fürchteten, dass die Sonne an diesem Morgen nicht aufgehe, wenn das Krähen ihres Herrn und Meisters sie nicht rufe. Die Hennen meinten nämlich, dass die Sonne nur aufgehe, weil der Hahn krähe.

Der nächste Morgen heilte sie von ihrem Aberglauben. Zwar blieb der Hahn krank, zu heiser, um krähen zu können, doch die Sonne schien; nichts hatte ihren Gang beeinflusst.

PERSISCHE GESCHICHTE

89

Kein Grund
zur Überheblichkeit

Es ist still geworden in der Tischlerwerkstatt. Feierabend. Der Geruch von Leim, frischen Sägespänen und Holz liegt noch in der Luft.

Doch was ist das? Wer spricht dort?

„Wirklich gut habe ich das gemacht", sagt die Säge mit knarrender Stimme. „Ha, wie ich mich durchs Holz gefressen habe; ein schnurgerader Schnitt! Der Fensterrahmen dort ist mein Werk."

„Brrrr!", hört man die Bohrmaschine aufgebracht dazwischenbrummen. „Ohne mich wäre daraus nur ein Brett geworden. Wer außer mir hat die Zapfen gesetzt, die Nut gefräst, die ..."

„Ich unterbreche nur um der Wahrheit willen", zischt der Hobel ärgerlich. „Aber du kamst doch erst nach mir dran. Schließlich habe doch ich für die glatten Flächen gesorgt und wahrscheinlich ..."

Weiter kommt er auch nicht. Nun wollen auch die anderen Werkzeuge nicht mehr schweigen.

„Nur keine krummen Touren!", ruft der rechte Winkel aufgebracht. Die Feile knirscht mit den Zähnen, der Schraubenzieher verdreht sich vor Aufregung fast den Hals und die Nägel rasseln empört in ihrer Kiste. „Was wärt ihr andern ohne mich?!", schreit alles durcheinander. „Was wärt ihr ohne mich?"

Bis schließlich der Meister auf den Lärm in seiner Werkstatt aufmerksam wird und nachschaut.

Da verstummen alle Werkzeuge, und die Lackfarbe, die eben noch erbost in ihrem Topf herumgluckerte, errötet leicht.

„Ohne die Hand des Meisters", flüstert sie, „wären wir alle nichts."

UNBEKANNTER VERFASSER

Die Lesekunst

Als der Fuchs eines Tages durch den Wald ging, begegnete er einem Maultier; und weil er noch nie eines gesehen hatte, bekam er große Angst und machte sich davon. Unterwegs traf er den Wolf und erzählte ihm, dass er ein ganz neues Tier gesehen hätte und nicht wisse, wie es heiße. „Gehen wir hin", sagte der Wolf, „und schauen es uns an."

Also gingen sie hin, und dem Wolf erschien das Tier nicht weniger seltsam. Da fragte es der Fuchs nach seinem Namen. Das Maultier erwiderte: „Auswendig weiß ich ihn nicht mehr; aber wenn du lesen kannst, er steht auf meinem rechten Hinterfuß geschrieben." „Ach", sagte der Fuchs, „lesen kann ich nicht, aber ich möchte ihn doch zu gerne wissen."

„Lass mich nur machen", sagte der Wolf, „denn ich verstehe diese Kunst sehr gut." Darauf hielt ihm der Maulesel den rechten Hinterfuß hin, so dass die Hufnägel wie Buchstaben aussahen. „Recht gut kann ich die Buchstaben noch nicht erkennen", sagte der Wolf. „Komm nur näher", erwiderte das Maultier, „sie sind nicht sehr groß." Da hockte sich der Wolf auf die Erde, um so genau wie möglich hinzublicken, und der Maulesel zog aus und versetzte ihm einen solchen Huftritt, dass er tot liegen blieb.

„Selbst ein Mann, der lesen kann, ist noch lange nicht klug genug", sagte der Fuchs und machte, dass er fortkam.

ITALIENISCHE GESCHICHTE

Das Wichtigste

Ein junger, wissbegieriger König bat die Weisen seines Landes, alles Wichtige über das Leben aufzuschreiben. Sie machten sich fleißig an die Arbeit und legten nach vierzig Jahren ihre Studien in tausend Bänden vor.

Der König war inzwischen sechzig Jahre alt. Er bat die Gelehrten, weil er die tausend Bücher nicht mehr lesen könne, das Wichtigste herauszuschreiben.

Nach zehn Jahren hatten die Weisen ihre Einsichten in das Leben in hundert Bänden zusammengefasst.

Der König sagte: „Das ist noch zu viel. Mit siebzig Jahren kann ich nicht mehr hundert Bände studieren. Schreibt nur das Allerwichtigste!"

Die Gelehrten gingen wieder an die Arbeit und brachten das Allerwichtigste in einem einzigen Buch zusammen.

Damit gingen sie zum König. Aber der lag schon im Sterben und wollte nun von den Gelehrten noch das Wichtigste aus ihrer Arbeit erfahren. Sie fassten das Wichtigste in einem Satz zusammen: „Die Menschen leben, leiden und sterben. Und was wichtig ist und überlebt, ist die Liebe, die empfangen und geschenkt wird."

AXEL KÜHNER

Die Erfahrung der Stille

Zu einem Einsiedlermönch kamen Besucher und fragten: „Welchen Sinn hat das Leben der Einsamkeit?"

Der Mönch schöpfte gerade Wasser aus einer Zisterne. Er bat die Fremden, einen Blick in die Tiefe zu tun. „Was seht ihr?", fragte er sie.

„Wir sehen nichts", antworteten die Besucher.

Nach einer Weile wiederholte der Mönch seine Bitte. Die Leute blickten abermals in die Tiefe hinab.

„Jetzt sehen wir uns selber", sagten sie, „unsere Gesichter spiegeln sich im Wasser."

Der Mönch sagte: „Weil ich vorhin Wasser förderte, war Unruhe in der Zisterne. Jetzt ist das Wasser ruhig. Das ist die Erfahrung der Stille. Man sieht sich selber!"

ALTE MÖNCHSERZÄHLUNG

Verantwortung

Vor langer Zeit, da sah ein Mann im Wald einen Fuchs, der alle vier Beine verloren hatte. Und er wunderte sich, dass das Tier, das keine Beute mehr jagen konnte, noch lebte. Doch dann erblickte er einen Tiger, der Wild gerissen hatte. Nachdem er sich satt gefressen hatte, überließ er den Rest seiner Beute dem beinlosen Fuchs. Anderntags ernährte Gott den Fuchs abermals mit Hilfe des Tigers. Der Mann war erstaunt über die Güte und Sorge Gottes gegenüber dem beinlosen Fuchs. Bei sich sagte er: „Auch ich werde mich in einer gemütlichen Ecke ausruhen und den Herrn für mich sorgen lassen. Wenn ich nur Vertrauen habe, wird er mir schon das Nötige geben." Viele Tage vergingen, aber es geschah nichts, und der Mann saß immer noch in seiner Ecke. Er war dem Hungertod nahe. Da vernahm er eine Stimme: „Du bist auf dem falschen Weg. Folge dem Beispiel des Tigers und nimm dir nicht den behinderten Fuchs zum Vorbild!" Später traf der Mann auf der Straße ein kleines frierendes Mädchen. Sie zitterte in ihrem dünnen Kleid und hatte schon lange nichts mehr zu essen bekommen. Da wurde er zornig und beklagte sich bei Gott: „Wie kannst du das zulassen? Den Fuchs erhältst du am Leben, aber dieses kleine Mädchen lässt du hungern und frieren. Warum tust du nichts dagegen?" Eine Weile sagte Gott nichts. Doch in der Nacht antwortete Gott dem Mann: „Ich habe etwas dagegen unternommen, ich habe dich geschaffen!"

ARABISCHE GESCHICHTE

Der alte Großvater und der Enkel

Es war einmal ein alter Mann, der konnte kaum gehen, seine Knie zitterten, er hörte und sah nicht viel und hatte auch keine Zähne mehr.

Wenn er nun bei Tisch saß und den Löffel kaum halten konnte, schüttete er Suppe auf das Tischtuch und es floss ihm auch etwas wieder aus dem Mund. Sein Sohn und dessen Frau ekelten sich davor und deswegen musste sich der alte Großvater endlich hinter den Ofen in die Ecke setzen und sie gaben ihm sein Essen in ein irdenes Schüsselchen, und noch dazu nicht einmal satt, da sah er betrübt nach dem Tisch und die Augen wurden ihm nass.

Einmal auch konnten seine zittrigen Hände das Schüsselchen nicht festhalten, es fiel zur Erde und zerbrach. Die junge Frau schalt, er aber sagte nichts und seufzte nur. Da kauften sie ihm ein hölzernes Schüsselchen für ein paar Heller, daraus musste er nun essen: Wie sie nun da so sitzen, so trägt der kleine Enkel von vier Jahren auf der Erde kleine Brettlein zusammen.

„Was machst du da?", fragte der Vater. „Ei, antwortete das Kind, ich mach ein Tröglein, daraus sollen Vater und Mutter essen, wenn ich groß bin."

Da sahen sich Mann und Frau eine Weile an, fingen endlich an zu weinen, holten alsofort den alten Großvater an den Tisch und ließen ihn von nun an immer mitessen, sagten auch nichts, wenn er ein wenig verschüttete.

GEBRÜDER GRIMM

ichts

Die Hölle war total überfüllt und noch immer stand eine lange Schlange am Eingang. Schließlich musste sich der Teufel selbst herausbegeben, um die Bewerber fortzuschicken.

„Ein einziger Platz ist noch frei, den muss der ärgste Sünder bekommen", rief er. „Ist vielleicht ein Mörder da?"

Er hörte sich die Verfehlungen der Anstehenden an. Schließlich sah er einen, den er noch nicht befragt hatte.

„Was haben Sie getan?", fragte er ihn. „Nichts. Ich bin ein guter Mensch und nur aus Versehen hier." – „Aber Sie müssen doch etwas getan haben! Jeder Mensch stellt etwas an." – „Ich sah es wohl", sagte der Mann, von sich überzeugt, „aber ich hielt mich davon fern. Ich sah, wie Menschen ihre Mitmenschen verfolgten, aber beteiligte mich nie. Sie haben Kinder hungern lassen und in die Sklaverei verkauft; sie haben auf den Schwachen herumgetrampelt. Sie haben von ihren Übeltaten jeder Art profitiert. Ich allein widerstand der Versuchung und tat nichts."

„Absolut nichts?", fragte der Teufel ungläubig . „Sind Sie völlig sicher, dass Sie alles angesehen haben?" – „Vor meiner eigenen Tür!" – „Und nichts haben Sie getan?", wiederholte der Teufel. – „Nein!" – Da sagte der Teufel: „Komm herein, mein Sohn. Der Platz gehört dir!"

PEDRO CALDERÓN DE LA BARCA

Mehr nicht

Eine große Trockenheit war über das Land gekommen.

Zuerst war das Gras braun und grau geworden. Dann starben Büsche und kleinere Bäume. Kein Regen fiel, der Morgen erwachte ohne die Erfrischung des Taues.

Die Tiere waren in großer Anzahl verdurstet, denn nur wenige hatten noch die Kraft gehabt, aus dieser Wüste zu fliehen.

Die Trockenheit dauerte an. Selbst die stärksten, ältesten Bäume, deren Wurzeln bis tief in die Erde reichten, verloren ihre Blätter. Alle Brunnen und Flüsse, die Quellen und Bäche waren vertrocknet.

Eine einzige Blume war am Leben geblieben, denn eine ganz kleine Quelle gab noch ein paar Tropfen Wasser. Doch die Quelle war am Verzweifeln: „Alles vertrocknet und verdurstet und stirbt. Ich kann doch daran nichts mehr ändern. Wozu soll es noch sinnvoll sein, dass ich die paar Tropfen aus der Erde hole und auf den Boden fallen lasse."

Ein alter, kräftiger Baum stand in der Nähe. Er hörte die Klage und sagte noch zur Quelle, bevor auch er starb: „Niemand erwartet von dir, die ganze Wüste zum Grünen zu bringen. Deine Aufgabe ist es, einer Blume Leben zu schenken. Mehr nicht."

AFRIKANISCHE GESCHICHTE

Die Stachelschweine

Eine Gesellschaft Stachelschweine drängte sich an einem kalten Wintertage recht nahe zusammen, um durch die gegenseitige Wärme sich vor dem Erfrieren zu schützen. Jedoch empfanden sie die gegenseitigen Stacheln, welches sie dann wieder voneinander entfernte. Wann nun das Bedürfnis der Erwärmung sie wieder näher zusammenbrachte, wiederholte sich jenes zweite Übel, so dass sie zwischen beiden Leiden hin- und hergeworfen wurden. Bis sie eine mäßige Entfernung voneinander herausgefunden hatten, in der sie es am besten aushalten konnten.

Und diese Entfernung nannten sie Höflichkeit und feine Sitte.

ARTHUR SCHOPENHAUER

Er hat sich zu früh gefreut

Ein Bauer ging einmal in den Wald zum Holzhacken. Da sah er unter einem Busch einen Hasen sitzen.

„Das ist fein", dachte der Bauer. „Ich fang ihn und bring ihn auf den Markt. Da verkauf ich ihn. So zehn bis zwölf Mark krieg ich schon dafür. Für das Geld kauf ich mir ein Ferkel. Das ziehe ich auf. Wenn es ein großes Schwein geworden ist, bekommt es bestimmt zwölf kleine Schweinchen. Die füttere ich dann auch groß und jedes von den zwölf Schweinen kriegt wieder zwölf Ferkel. Wenn ich die alle verkaufe, bin ich ein reicher Mann. Ich baue mir ein schönes Haus mit vielen Zimmern und kostbaren Möbeln. Damit aber niemand etwas stehlen kann, stell ich Wächter ein. Die müssen bei Nacht wach bleiben und aufpassen. Ich kontrollier sie schon. Wehe, wenn einer schläft. Dem werd ich's zeigen. Den schrei ich ordentlich an: Du Faulpelz! Du Taugenichts! So passt du auf? Du bist entlassen! Mir aus den Augen! Hinaus!"

Und vor lauter Aufregung rief der Bauer „Hinaus" mit schallender Stimme, so dass der Hase unterm Busch erschrak, aufsprang und im Zickzack wie der Blitz davonlief.

RUSSISCHE GESCHICHTE

Die Predigt

Franz von Assisi schlug eines Tages einem jungen Mönch vor, sie wollten in die Stadt gehen und dort den Leuten predigen. So machten sie sich auf den Weg nach Assisi und sie gingen über die Straßen und über den Marktplatz und unterhielten sich dabei über ihre geistlichen Erfahrungen und Erkenntnisse.

Erst als sie wieder auf dem Weg nach Hause waren, rief der junge Mönch erschrocken aus: „Aber Vater, wir haben vergessen, den Leuten zu predigen!"

Franz von Assisi legte lächelnd die Hand auf die Schulter des jungen Mannes. „Wir haben die ganze Zeit nichts anderes getan, mein Sohn", antwortete er. „Wir wurden beobachtet und Teile unseres Gesprächs wurden mitgehört. Unsere Gesichter und unser Verhalten wurden gesehen. So haben wir gepredigt."

Dann fügte er hinzu: „Merke dir, mein Sohn, es hat keinen Sinn, zu gehen, um zu predigen, wenn wir nicht beim Gehen predigen."

ITALIENISCHE GESCHICHTE

Die Bürde

Ein Greis, der sich sein Holz für den Winter im Wald sammeln musste, schleppte sich eines Tages mit einer schweren Bürde nur noch mühselig weiter. Zuletzt ließ er sie zu Boden sinken, um für eine Weile Atem zu schöpfen.

„Wenn doch nur endlich der Tod käme", seufzte er, „da ich auf dieser Welt nichts als Jammer und Elend zu erdulden habe." – „Was begehrst du von mir?", fragte der Tod, der sogleich zur Stelle war." „Nur, dass du mir meine Bürde wieder auf die Schultern hebst", antwortete der Greis.

AESOP

102

Der alte Fischer

Fischer waren draußen beim Fang mit ihrem Boot. Da kam ein Sturm auf. Sie fürchteten sich so sehr, dass sie die Ruder wegwarfen und den Himmel anflehten, sie zu retten.

Aber das Boot wurde immer weiter weggetrieben vom Ufer.

Da sagte ein alter Fischer: „Was haben wir auch die Ruder weggeworfen! Zu Gott beten und zum Ufer rudern – nur dies beides zusammen kann da helfen."

LEO N. TOLSTOI

$\mathscr{D}$ie Erziehung eines Weisen

Ein alter weiser Mann hatte einen Sohn, der nie aus dem Haus ging, weil er sich wegen seines Aussehens schämte. Er fürchtete den Spott der anderen. Da erklärte ihm sein Vater, dass man nicht auf die Leute hören sollte. Das wollte er ihm beweisen.

„Morgen", kündigte er an, „gehen wir gemeinsam auf den Markt!"

Bei Sonnenaufgang verließen sie das Haus. Der Alte ritt auf dem Esel, sein Sohn lief neben ihm her. Als sie zum Marktplatz kamen, schimpften die Händler: „Seht euch nur diesen Mann an. Er ruht sich auf dem Eselsrücken aus und lässt seinen armen Sohn zu Fuß laufen!"

Der Weise sagte zu seinem Sohn: „Hast du das gehört? Morgen kommst du wieder mit zum Markt!"

Am nächsten Tag tauschten Vater und Sohn die Plätze: Der Junge stieg auf den Eselsrücken und der alte Mann ging zu Fuß. Am Markteingang warteten schon die gleichen Händler: „Seht nur dieses ungezogene Kind", sagten sie. „Es sitzt ruhig auf dem Eselsrücken, während sich sein armer Vater durch den Staub schleppen muss. Ein solches Schauspiel zerreißt einem doch das Herz!"

„Hast du das gehört?", sagte der Vater zu seinem Sohn, „Auch morgen gehen wir wieder gemeinsam auf den Markt!"

Am dritten Tag gingen Vater und Sohn zu Fuß, den Esel führten sie an der Leine.

„Seht nur diese beiden Dummköpfe", spotteten die Händler. „Sie laufen zu Fuß, als ob sie nicht wüssten, dass man auf einem Esel reiten kann."

„Hast du das gehört?", sagte der Weise. „Morgen nehme ich dich auch wieder mit auf den Markt!"

Als sie am vierten Tag das Haus verließen, setzten sie sich beide auf den Rücken des Esels. Die Händler, die wie immer am Eingang zum Markt standen, riefen voller Empörung: „Was für eine Schande! Schaut euch nur die beiden an! Sie haben noch nicht einmal Mitleid mit diesem armen Tier."

Am fünften Tag kamen sie wieder auf den Markt, doch dieses Mal trugen sie den Esel auf ihrem Rücken. Da brachen die Händler in schallendes Gelächter aus: „Seht nur diese beiden Tölpel, die ihren Esel tragen, anstatt auf ihm zu reiten!"

So sprach der Weise abschließend: „Mein Sohn, du hast es wohl gehört: Egal, was du im Leben tust, die Leute werden immer etwas auszusetzen haben. Deshalb sollst du dich nicht um ihre Meinung scheren. Handele so, wie es dir richtig erscheint, und gehe deinen Weg."

PERSISCHE GESCHICHTE

$\mathcal{D}$er Samurai

Ein großer Kämpfer kam zu einem kleinen Mönch. „Mönch, lehre mich etwas über Himmel und Hölle!"

Der Mönch sah zu dem mächtigen Krieger auf: „Dich etwas über Himmel und Hölle lehren? Überhaupt nichts könnte ich dich lehren! Du bist schmutzig, erbarmungslos und ohne Mitleid. Du bist eine Scham und Schande für alle Kämpfer. Geh mir aus den Augen. Ich kann dich nicht ertragen."

Der Kämpfer war zornig. Er zitterte und wurde rot im Gesicht. Er war sprachlos vor Wut. Da zog er ein Schwert und hob es in die Höhe, um den Mönch zu erschlagen.

„Das ist die Hölle."

Der Kämpfer wurde von seinen Gefühlen überwältigt. Dieser kleine Mann war bereit, sein Leben zu opfern, um ihm diese Lehre zu geben und ihm die Hölle zu zeigen! Langsam senkte er sein Schwert, erfüllt von Dankbarkeit und plötzlichem Frieden.

„Und das ist der Himmel."

JAPANISCHE GESCHICHTE

Geschenkt

Auf seinen Stock gestützt, einen Fuß langsam vor den anderen setzend, schlurfte krumm und bucklig ein alter Mann daher.

Ein junger Mann fragte im Scherz, auf seinen gebogenen Rücken zeigend: „O du ehrwürdiger Alter, wie viel hast du denn für diesen Bogen gezahlt, damit ich mir auch einen kaufen kann?"

Der Alte sagte: „Wenn du geduldig bist und mein Alter erreichen solltest, dann bekommst du ihn vielleicht sogar geschenkt."

WEISHEITSGESCHICHTE

Drei wahre Worte

Der Schakal traf den Bock auf dem Wege und packte ihn. „Ich lasse dich nicht lebendig von hier fortkommen", sprach er, „wenn du mir nicht drei Worte sagst, die wahr sind."

Der Bock erwiderte: „Wenn ich in mein Dorf zurückkomme und ich erzähle den Ziegen, der Schakal hätte eine von ihnen gepackt und sie wieder laufen lassen, so werden sie das nicht glauben."

„Das ist ein wahres Wort", sagte der Schakal, „nun sage mir ein zweites."

„Wenn du in dein Dorf zurückkommst", sprach der Bock, „und erzählst den Schakalen, ein Schakal hätte eine Ziege gepackt und sie nur wieder laufen lassen, weil sie ihm drei wahre Worte sagen konnte, so werden sie das auch nicht glauben."

„Das ist ebenfalls ein wahres Wort", sagte der Schakal, „nun sage noch das dritte."

„Großer Schakal", sprach der Bock, „du musst dich schon vollkommen satt gefressen haben, sonst würdest du nicht so scherzen, sondern mich schon lange verspeist haben." „Das ist auch wahr", antwortete der Schakal und ließ den Bock laufen.

AFRIKANISCHE GESCHICHTE

Die drei Söhne

Drei Frauen standen am Brunnen, um Wasser zu holen. Nicht weit davon entfernt saß ein Greis und hörte, wie sie ihre Söhne lobten.

„Mein Sohn", sagte die erste, „ist ein geschickter und wendiger Junge. Er übertrifft an Behändigkeit alle Knaben im Dorf."

„Mein Sohn", meinte die zweite, „hat die Stimme einer Nachtigall. Wenn er singt, schweigen alle Leute und bewundern ihn. Er wird einmal ein großer Sänger werden."

Die dritte Frau schwieg.

„Warum sagst du denn gar nichts?", fragten die beiden anderen.

„Ich wüsste nicht, womit ich ihn loben könnte", entgegnete diese. „Mein Sohn ist ein gewöhnlicher Junge und hat nichts Besonderes an sich. Aber ich hoffe, er wird einmal im Leben seinen Mann stehen."

Die Frauen füllten ihre Eimer und machten sich auf den Heimweg. Der Greis ging langsam hinter ihnen her. Er sah, wie hart es sie ankam, die schweren Gefäße zu tragen, und er wunderte sich nicht darüber, dass sie nach einer Weile ihre Last absetzten, um ein wenig zu verschnaufen. Da kamen ihnen drei Knaben entgegen.

Der erste stellte sich auf die Hände und schlug Rad um Rad. „Welch ein geschickter Junge!", riefen die Frauen.

Der zweite stimmte ein Lied an und die Frauen lauschten ihm mit Tränen in den Augen.

Der dritte Junge lief zu seiner Mutter, ergriff die beiden Eimer und trug sie heim.

Die Frauen wandten sich an den Greis und fragten: „Was sagst du zu unseren Söhnen?"

„Eure Söhne?", entgegnete der Greis verwundert, „ich habe nur einen einzigen Sohn gesehen!"

LEO N. TOLSTOI

Der Apfelbaum und die Tanne

Hinter einem in seiner vollen Blütenpracht ausgebreiteten Apfelbaum erhob eine gerade Tanne ihren spitzen dunklen Gipfel. Zu dieser sprach jener: „Siehe die Tausende meiner schönen muntern Blüten, die mich ganz bedecken! Was hast du dagegen aufzuweisen? Schwarzgrüne Nadeln!"

„Wohl wahr", erwiderte die Tanne, „aber wenn der Winter kommt, wirst du entlaubt dastehn; ich aber werde sein, was ich jetzt bin."

ARTHUR SCHOPENHAUER

Gott braucht Menschen

Es kam ein großer Sturm und Gott der Herr ließ es zu, dass die Deiche brachen. Überall hieß es: Land unter.

Zu denen, deren Felder im Wasser untergingen und deren Häuser von den Wellen umtobt wurden, gehörte ein gottesfürchtiger Bauer. Als das Wasser in die Küche eindrang, zog er sich mit seiner Familie in den ersten Stock seines Hauses zurück.

Als der Bauer und seine Familie aus den Fenstern schauten, da kam ein Boot vorbei. Dessen Insassen winkten und riefen: „Kommt an Bord und bringt euch in Sicherheit!" Doch der gottesfürchtige Bauer antwortete nur: „Gott wird mich retten!"

Das Wasser stieg weiter. Es stieg bis in den oberen Stock und der Bauer und die Seinen mussten sich ins Dachgeschoss zurückziehen.

Wieder kam ein Boot vorbei und die Leute riefen dem Bauern und den Seinen zu, an Bord zu kommen Doch der Bauer antwortete erneut: „Gott wird uns retten!"

Das Wasser aber stieg noch weiter. Der Bauer und die Seinen mussten auf dem Dach stehen und hielten sich am Schornstein fest. Das Wasser umspülte ihre Füße.

Da kam ein drittes Boot und die Insassen bereiteten die Leinen vor, um sie dem Bauern und den Seinen zuzuwerfen und sie an Bord zu ziehen. Aber der gottesfürchtige Bauer in seinem unerschütterlichen Vertrauen auf den Herrn lehnte auch diese Hilfe ab. „Gott wird uns aus dieser unserer größten Not retten!", rief er noch einmal.

Da kam eine letzte riesenhohe Welle, überspülte das Dach und riss die Menschen auf ihm in den Tod.

Enttäuscht und zornig trat der gottesfürchtige Bauer vor den Thron des Allerhöchsten und rief: „Was hast du versprochen und was hast du gehalten? Warum bist du mir und den Meinen nicht zur Hilfe gekommen, als wir in höchster Not waren?"

Da sagte Gott leise: „Ich weiß nicht, was du willst. Dreimal heute Abend habe ich dir ein Boot geschickt."

FRIESISCHE GESCHICHTE

Namensmissbrauch

Ein Esel traf auf der Straße ein weinendes Schwein. „Warum weinst du?", fragte teilnehmend der Esel.

„Wie soll ich nicht weinen", antwortete das Schwein, „wenn die Menschen schimpfen, so brauchen sie fortwährend meinen Namen. In meinem Namen wird immer geschimpft! Hat irgendjemand etwas Schlechtes getan, so sagt man, er ist ein Schwein, hat jemand einen betrogen, so sagt man, er ist ein Schwein, ist irgendwo Schmutz und Unordnung, so sagt man – das ist eine Schweinerei."

Der Esel überlegte lange und sagte mitfühlend: „Ja, das ist wirklich eine Schweinerei!"

RUSSISCHE GESCHICHTE

114

Das Papier und die Tinte

„Konntest du mir diese Erniedrigung nicht ersparen?", sagte das Papier erzürnt zur Tinte. „Du hast mich besudelt mit deiner höllischen Schwärze und für immer ruiniert!"

„Warte ab", antwortete die Tinte. „Ich habe dich nicht besudelt, sondern mit Sinnbildern versehen. Jetzt bist du kein Blatt Papier mehr, sondern eine Botschaft."

LEONARDO DA VINCI

Der Mensch
schaut zum Himmel

Als Gott die Welt schuf, fragte er die Tiere nach ihren Wünschen. Er hörte sie alle an und erfüllte ihre Wünsche.

Als die Menschen davon erfuhren, wurden sie unwillig, weil sie nicht gefragt wurden.

„Wir können mit dieser deiner Welt nicht zufrieden sein!", stellten sie hart und unmissverständlich fest.

„Das sollt ihr auch nicht", erwiderte Gott. „Eure Heimat ist nicht diese Erde, nur die Überraschungen der Ewigkeit allein."

Seitdem, so schließt die Geschichte, tragen die Tiere ihre Augen zur Erde, der Mensch aber geht aufrecht und schaut zum Himmel.

GESCHICHTE AUS DEM MITTELALTER

Quellen

Die Verfasser der Geschichten wurden nach bestem Wissen ermittelt. Trotz intensiven Nachforschens war es nicht in allen Fällen möglich, die genaue Quelle bzw. die Rechteinhaber ausfindig zu machen. Diese Geschichten sind mit „Unbekannter Verfasser" gekennzeichnet. Für klärende Hinweise sind wir dankbar. Rechtsansprüche bleiben gewahrt.

Den Autorinnen, Autoren und Verlagen, die bei der Suche nach den Quellen wertvolle Hilfe leisteten, sei an dieser Stelle für die freundlicherweise erteilte Abdruckgenehmigung gedankt.

Seite 20 *Vom Mut, eine Probe zu wagen.* Aus: Nossrat Peseschkian, Der Kaufmann und der Papagei, © 1979 S. Fischer Verlag GmbH, Frankfurt am Main

Seite 25 *Das schielende Huhn.* Aus: Luigi Malerba, Die nachdenklichen Hühner, aus dem Ital. Elke Wehr, © 1984, 1995, 2009, 2020 Verlag Klaus Wagenbach, Berlin

Seite 28 *Spuren im Sand.* Originalfassung des Gedichts Footprints © 1964 Margaret Fishback Powers, übersetzt von Eva-Maria Busch, Copyright © der deutschen Übersetzung 1996 Brunnen Verlag GmbH, Gießen. www.brunnen-verlag.de

Seite 34 *Dreiundfünfzig Minuten.* Aus: Antoine de Saint-Exupéry, Der Kleine Prinz, Kap. XXIII, © 1950 und 2021 Karl Rauch Verlag, Düsseldorf

Seite 38 *Das vergessene Gebet* Aus: Ernest Hemingway, „In unserer Zeit". In: Gesammelte Werke, Bd. 6, Stories I, S. 127 „VII, Einleitung", Deutsche Übersetzung durch Annemarie Horschitz-Horst, Copyright © 1950, 1977 Rowohlt Verlag GmbH, Reinbek bei Hamburg

Seite 39 *Zwei Städte.* Aus: Bertolt Brecht, Geschichten vom Herrn Keuner © 1971 Suhrkamp Verlag GmbH, Frankfurt am Main. Alle Rechte vorbehalten

Seite 52 *Gib du ihm deine Hand.* Aus: Nossrat Peseschkian, Der Kaufmann und der Papagei, © 1979 S. Fischer Verlag GmbH, Frankfurt am Main

Seite 58 *Durchreise.* Aus: Norbert Lechleitner, Balsam für die Seele, 201 überraschende Weisheitsgeschichten, die jeden Tag ein wenig glücklicher machen, Verlag Herder, Freiburg. © beim Autor

Seite 59 *Schwierige Freundschaft.* Aus: Ernst Bloch, Spuren, © 1969 Suhrkamp Verlag GmbH, Frankfurt am Main. Alle Rechte vorbehalten

Seite 60 *Anekdote zur Senkung der Arbeitsmoral.* Aus: Heinrich Böll, Werke Band 12 der Kölner Ausgabe, herausgeben von Robert C. Conrad © 2008 Verlag Kiepenheuer & Witsch GmbH & Co. KG, Köln

Seite 67 *Bin ich verrückt?* Aus: Axel Kühner, Hoffen wir das Beste. © 1997 Neukirchener Verlagsgesellschaft mbH, Neukirchen-Vluyn, 9. Auflage 2016, S. 41

Seite 68 *Zielstrebig.* Aus: Norbert Lechleitner, Balsam für die Seele, 201 überraschende Weisheitsgeschichten, die jeden Tag ein wenig glücklicher machen, Verlag Herder, Freiburg. © beim Autor

Seite 73 *Nur bei Anwendung.* Gisbert Kranz; © Margarita Kranz

Seite 93 *Das Wichtigste.* Aus: Axel Kühner, Überlebensgeschichten für jeden Tag. © 1991 Neukirchener Verlagsgesellschaft mbH, Neukirchen-Vluyn, 25. Auflage 2024, S. 357